Heaven cake

MANGA cake

SOLAR

Émilie Tosello alias Heaven Cake

Heaven cake MANGA cake

Photographies : Julie Girardet

SOLAR

Édito

Passionnée depuis toute petite par la pâtisserie et issue d'une famille d'artistes, je m'épanouis depuis maintenant 7 ans dans le cake art.

Tout commence quand mon mari m'offre un kit de pâte à sucre à Noël… Je réalise alors le premier gâteau d'anniversaire de ma grande fille Heaven, sur le thème Hello Kitty.
Je passe ensuite mon CAP de pâtisserie et monte ma société Heaven Cake ; le nom coule de source…
C'est après la naissance de ma deuxième fille, Sky, que je décide de me spécialiser dans le cake 3D. J'évolue rapidement sur les réseaux sociaux avec des vidéos divertissantes où je crée des personnages (*face cake)* issus de l'actualité et des anime.
Vous l'aurez compris, ma famille est ma source d'inspiration !
Nous sommes, petits et grands, fans de mangas, et l'idée de ce livre me trottait dans la tête depuis un moment : des modelages kawaii aux personnages emblématiques, la gourmandise en prime, autant d'ingrédients originaux pour réussir la recette du bonheur des papilles et des pupilles.

Je remercie énormément ma *yummy team*, ma super communauté, toujours présente pour mes projets sans qui rien de tout cela n'aurait été possible.
Ce livre a été un travail de longue haleine, pour vous permettre d'apprendre pas à pas à devenir des *cake artists* de folie !

J'ai hâte de découvrir vos talents.
Je vous embrasse fort !

Émilie

TikTok @heavencakeemilie
YouTube @heavencakeemilie
Instagram @heavencakeemilie
Facebook @Heaven Cake

Sommaire

Honey

Milk

Conseils et astuces
pour démarrer

Lisez attentivement la recette avant de vous lancer pour bien appréhender toutes les étapes. Les temps de préparation ne sont pas indiqués, car ils peuvent être très variables selon les personnes. Il faut juste bien prévoir des temps de séchage assez longs.

Les indications de taille sont approximatives, pour donner une idée des proportions et des quantités.

Les couleurs sont aussi données à titre indicatif mais peuvent être changées selon les envies et les pâtes à sucre dont vous disposez.

Les modelages et gâteaux sont classés par niveau de difficulté avec un petit picto pour se repérer rapidement.

Débutant | ***Intermédiaire*** | ***Expert***

Pour la plupart des modelages, commencez par le corps pour que la pâte à sucre ait le temps de durcir avant d'y poser la tête.

Ne vous pressez pas et laissez bien sécher les modelages si besoin à chaque étape.

Attention à ne pas vous couper avec le cutter, maniez-le délicatement !

Et c'est parti !

Présentation de la pâte à sucre

La pâte à sucre, vous allez en entendre parler très souvent dans mon livre. C'est un peu comme une pâte à modeler – qu'on adore également travailler avec mes filles ! –, mais comestible.

Si le cake design s'est démocratisé il y a seulement quelques années, la pâte à sucre, elle, était déjà utilisée au Moyen Âge pour réaliser des sculptures destinées à décorer les tables de fêtes. Aujourd'hui, on s'en sert pour faire des modelages décors et pour habiller les fameux cakes de manteaux de toutes les couleurs.

Il est possible aussi de sculpter vos gâteaux, pour leur donner la forme d'un objet ou d'un personnage, on parle alors de cake 3D.

Il existe plusieurs recettes pour réaliser sa propre pâte à sucre, soit avec du blanc d'œuf et du sucre glace, soit avec des marshmallows fondus et du sucre glace. Cependant, pour les modelages et gâteaux 3D, je conseille vivement la pâte à sucre du commerce, qui est vraiment appropriée, beaucoup plus facile à manier, qui se conserve parfaitement bien et qui durcit à souhait à l'air libre si besoin.

Utilisation

Avant de vous lancer, il vous faudra malaxer la pâte à sucre environ 2 minutes pour la ramollir (surtout les pâtes à sucre techniques). Vous pourrez ensuite la travailler facilement.

Pour les modelages, la pâte à sucre nécessite de sécher à l'air libre à différentes étapes. Après séchage, vous pouvez conserver les modelages dans une boîte ou un tiroir hermétique à l'abri de la lumière. Ne les mettez pas au réfrigérateur, ils risqueraient de se ramollir.

Pour les gâteaux qui contiennent de la crème, vous devez obligatoirement les conserver au réfrigérateur (surtout en été), même une fois recouverts de pâte à sucre.

Où l'acheter ?

Pour réaliser vos créations, vous allez devoir vous constituer un petit stock de pâtes à sucre déjà colorées. Vous trouverez un grand choix de couleurs dans les magasins spécialisés en cake design, pâtisseries et loisirs et créations (M. Cook, Alice Délice, Zodio, Cultura et, en supermarché, la marque Vahiné®).

Pour une pâte à sucre plus technique, vous pouvez choisir une version spéciale modelage, ou bien spéciale couverture gâteau (anti-craquelage, qui résiste aux changements de température après les passages au réfrigérateur, qui est plus élastique) dans les e-commerces spécialisés (Cook-Shop, Autour du Gâteau, Planète Gâteau, Féerie Cake). Vous trouverez les marques dans la partie consacrée au matériel (voir p. 14).

Coloration

Il est possible aussi de colorer sa pâte à sucre blanche avec du colorant alimentaire, mais pour débuter, je vous conseille de l'acheter déjà colorée.

Pour ceux qui voudraient tester leur propre coloration, vous pouvez vous constituer un petit stock de pâtes à sucre blanche et noire (car trop difficile à obtenir).

Vous trouverez ensuite, sur les sites et magasins déjà cités, des colorants de toutes les couleurs (les marques professionnelles que j'utilise sont ProGel®, Fractal®, Colour Mill®), également disponibles sur Amazon®.

Préférez des colorants en gel et munissez-vous de gants, sinon attention aux taches sur vos mains !

Optez pour les couleurs primaires, même s'il existe une large palette de couleurs.

Quelques tips pour créer ses propres couleurs :

- Pour la couleur de peau de vos personnages, le beige, mélangez à votre pâte à sucre blanche un peu de colorant marron avec une pointe de jaune et une pointe de rouge.
- Pour le vert, un classique, on ajoute à la pâte à sucre blanche une goutte de bleu et une goutte de jaune.
- Le violet se fait en mélangeant une goutte de bleu et une goutte de rouge dans la pâte blanche.
- Pour le gris, je mélange directement ma pâte à sucre blanche avec un morceau de pâte à sucre noire.

N'oubliez pas de bien malaxer votre mélange pour un résultat uniforme !

Conservation

Non ouverte, la pâte à sucre se conserve plusieurs mois dans une boîte hermétique (voir la DLUO sur le paquet).

Si elles sont déjà ouvertes, optez pour des sachets de congélation zippés. Pensez à enlever l'air qui pourrait les faire sécher, puis gardez ces sachets dans une boîte hermétique à l'abri de la lumière.

Le matériel

Pour le cake design, comme pour la pâtisserie classique, il est important de bien s'équiper afin de préparer ses recettes avec précision.
Voilà la liste de tout ce dont vous aurez besoin pour réaliser les gâteaux de base, puis tout ce dont vous aurez besoin pour la décoration ainsi que les modelages.

PÂTISSERIE

- Robot de cuisine ou fouet électrique
- Maryse
- Balance
- Casseroles
- Moule à gâteau de 12 cm de diamètre environ
- Moule à cake
- Moule demi-sphère de 12 cm de diamètre environ
- Film alimentaire
- Pinceau à pâtisser ou pipette
- Spatule
- Palette (corne)
- Poche à douille
- Ciseaux
- Thermomètre à sucre
- Gants (si besoin)
- Bâton en bois ou en plastique (spécial cake design)
- Rhodoïd®

MODELAGE ET CAKE DESIGN

- Pâtes à sucre et colorants*
- Plateau tournant
- Rouleau en silicone (de préférence un grand et un plus petit)
- Tapis en silicone
- Cutter
- Différents stylets (rond, droit, arc de cercle)
- Emporte-pièces (rond, en forme de bonhomme...)
- Cure-dents
- Pailles
- Règle pour mesurer (si besoin)
- Feutre alimentaire noir
- Papier pour réaliser vos gabarits

**Marques : Saracino®, Smartflex®, The Sugar Paste®.*

Heaven cake

Les toppings

**Ce sont les ingrédients que l'on va ajouter pour donner du croquant, du gourmand... comme dirait un célèbre pâtissier.
Le topper s'ajoute au-dessus du fourrage du gâteau, ou bien il peut s'insérer directement dans la ganache ou la crème (seulement les croquants).**

Dans ce livre, je vous propose une série de combinaisons pour garnir votre gâteau, mais le choix est assez vaste. À vous de faire selon vos goûts et vos envies. Vous pouvez aussi en mettre plusieurs à la fois, dans la limite du raisonnable, bien sûr.

Voici quelques idées de toppers qui se marient bien avec un intérieur chocolat :

CROQUANT
- Spéculoos émietté
- Smarties®, Maltesers®
- Kinder® et autres barres coupées en petits morceaux
- Croquant praline
- Pépites de chocolat

GOURMAND
- Caramel
- Nutella®
- Coulis de fruits rouges
- Chantilly
- Sirop d'érable

Et d'autres pour les gâteaux avec une crème Chantilly mascarpone ou une crème au beurre :

CROQUANT
- Fruits (attention de ne pas en mettre trop dans votre cake 3D pour éviter que votre gâteau s'affaisse)
- Noix de coco râpée
- Pistaches...

GOURMAND
- Lemon curd et autres curds de fruits
- Zeste de citron
- Cacao
- Arôme de café

Vous pouvez aussi ajouter des toppers directement dans la pâte de vos génoises et Molly cakes (par exemple : une génoise coco ou un Molly cake avec un zeste de citron, miam !).

Les RECETTES DE BASE

GÉNOISE

Ingrédients

Pour 1 moule à cake de 22 cm de long et 6 cm de haut ou pour 1 moule rond de 12 cm de diamètre et 12 cm de haut

Préparation : 15 min
Cuisson : 20 à 30 min

- 3 œufs
- 120 g de sucre en poudre
- 120 g de farine
- 1 morceau de beurre pour graisser le moule
- ½ sachet de levure (facultatif)

Préchauffez le four à 180 °C (th. 6). Choisissez la forme du moule (moule à cake pour la brique de lait ou 1 moule rond) et beurrez celui-ci. Posez tous les ingrédients sur un plan de travail propre.

Séparez les blancs (à verser dans le bol du robot) des jaunes d'œufs (que vous réservez pour la suite de la recette).

Montez les blancs en neige au robot à la puissance maximale. Tout en continuant à fouetter, versez le sucre en pluie pour obtenir une meringue.

Si vous ne possédez pas de robot, vous pouvez monter les blancs en neige avec un fouet électrique.

Ajoutez ensuite les jaunes d'œufs, puis baissez la puissance (2-3) avant d'incorporer la farine en pluie. (Si vous utilisez un fouet électrique, stoppez-le à cette étape et mélangez délicatement à la maryse.)

Vous pouvez incorporer 1 demi-sachet de levure pour plus de légèreté, mais si vos blancs d'œufs sont bien montés et la recette bien exécutée, la levure n'est pas indispensable.

Versez la pâte dans le moule adapté au gâteau que vous préparez, puis enfournez pour environ 20-30 minutes selon le four et la hauteur du moule.

Laissez refroidir avant de démouler et découpez la génoise.

MOLLY CAKE

Ingrédients

Pour 1 moule à cake de 22 cm de long et 6 cm de haut
ou pour 1 moule rond de 12 cm de diamètre et 12 cm de haut

Préparation : 20 min
Cuisson : 30 à 50 min

- 3 œufs
- 120 g de sucre en poudre
- 120 g de farine
- ½ sachet de levure
- 20 cl de crème liquide entière bien froide
- 1 morceau de beurre pour graisser le moule

Les quantités données sont pour le gâteau Hello Kitty.

Préchauffez le four à 160 °C (th. 5/6). Choisissez la forme du moule et beurrez celui-ci. Posez tous les ingrédients sur un plan de travail propre.

Séparez les blancs (à verser dans le bol du robot) des jaunes d'œufs (que vous réservez pour la suite de la recette).

Montez les blancs en neige au robot à la puissance maximale. Tout en continuant à fouetter, versez le sucre en pluie pour obtenir une meringue. Ajoutez ensuite les jaunes d'œufs. (Vous pouvez à ce moment changer le fouet et mettre la feuille du robot. Personnellement, pour cette recette, je garde le fouet et baisse seulement l'intensité.) Baissez la puissance du robot à 2, puis incorporez doucement la farine avec la levure en pluie. Réservez ce mélange.

Sortez la crème liquide du réfrigérateur, versez-la dans la cuve du robot et fouettez-la à vitesse maximale. Quand vous obtenez une chantilly, incorporez-la délicatement dans le mélange précédent à la maryse.

Versez la pâte dans le moule, jusqu'aux trois quarts seulement car elle va gonfler à la cuisson.

Enfournez pour 30 minutes pour des demi-sphères et 50 minutes environ pour un moule haut. Pour vérifier la cuisson, piquez une lame de couteau qui doit ressortir sèche.

Le Molly cake est en réalité une génoise à laquelle on ajoute de la crème fouettée.

CRÈME CHANTILLY MASCARPONE

Ingrédients

Pour 430 g environ
Préparation : 10 min

- 20 cl de crème liquide entière bien froide
- 250 g de mascarpone
- 25 g de sucre glace

Mettez au préalable le fouet et le bol 15-20 minutes au réfrigérateur. Sortez le mascarpone et la crème au dernier moment pour qu'ils restent bien frais.

Vous pouvez réaliser cette crème dans la cuve du robot avec le fouet, mais si vous n'avez pas de robot, c'est possible avec un fouet électrique.

Dans la cuve, déposez la crème liquide et le mascarpone bien froids et fouettez petit à petit à la puissance maximale pendant 4 minutes environ. (N'oubliez pas le couvercle pour éviter les projections.)

Quand la crème devient épaisse, ajoutez en pluie le sucre glace.

Fouettez jusqu'à obtention d'un mélange homogène qui adhère bien aux branches du fouet.

Servez-vous de cette crème tout de suite ou filmez-la au frais pour une utilisation plus tard dans la journée (maximum jusqu'au lendemain).

GANACHE CHOCOLAT

Ingrédients

Pour 750 g environ
Préparation : 20 min
Cuisson : 10 min
Réfrigération : 2 h

- 20 cl de crème liquide
- 250 g de beurre
- 300 g de chocolat noir ou lait (Pour le chocolat blanc, compter 400 g)

Dans une casserole, versez la crème liquide, puis ajoutez le beurre coupé en dés. Faites chauffer le mélange à feu doux.

Quand le beurre est entièrement fondu, mélangez le tout, puis stoppez le feu.

Coupez le chocolat en petits morceaux et ajoutez-les en plusieurs fois dans la casserole en mélangeant à la maryse jusqu'à obtenir d'une crème lisse.

Transvasez la ganache dans un grand bol, filmez au contact avec un film alimentaire et laissez-la durcir pendant 2 heures.

Pour utiliser votre ganache, pour le fourrage et le lissage des gâteaux, assurez-vous que celle-ci a la bonne texture. Elle doit être crémeuse mais pas liquide, assez épaisse pour tenir sur votre gâteau. Si vous la trouvez trop durcie, n'hésitez pas à la sortir à l'avance du réfrigérateur ou à la passer quelques secondes au micro-ondes.

Pour que le chocolat s'intègre plus vite dans le mélange chaud, vous pouvez le passer quelques secondes au micro-ondes afin de le ramollir.

CRÈME AU BEURRE À LA MERINGUE

Cette crème vous servira de crème de couverture, c'est-à-dire une crème avec laquelle vous recouvrirez votre gâteau. Elle va durcir au réfrigérateur et vous permettra ensuite de travailler la pâte à sucre par-dessus sans que votre gâteau s'effondre.

Ingrédients

Pour 600 g environ
Préparation : 30 min
Cuisson : 5 minutes

- 3 blancs d'œufs
- 5,5 cl d'eau
- 165 g de sucre en poudre
- 190 g de beurre froid

Mettez les blancs d'œufs dans la cuve du robot.

Parallèlement, préparez un sirop : dans une casserole, faites chauffer le sucre et l'eau sur feu moyen (6 sur ma plaque) pendant environ 3 minutes.

Fouettez très doucement les blancs d'œufs dans le robot.

Vérifiez la température du sirop à l'aide d'un thermomètre à sucre. Quand il a atteint 120 °C, versez-le rapidement dans la cuve du robot.

Passez aussitôt à la vitesse maximale du robot et laissez monter la meringue pendant au moins 15 minutes.

Quand la cuve du robot aura assez refroidi, incorporez le beurre bien frais coupé en plusieurs gros morceaux. Laissez encore tourner le robot jusqu'à ce que le mélange devienne crémeux.

Vous pourrez vous servir immédiatement de cette crème.
Si vous la réservez pour plus tard, filmez-la, puis gardez-la au frais. N'oubliez pas de la sortir à l'avance avant utilisation, ou passez-la quelques minutes au micro-ondes.

Il existe plusieurs sortes de crèmes au beurre permettant de recouvrir le gâteau avant d'y poser la pâte à sucre : il y a aussi la crème au beurre américaine ainsi que la crème au beurre à la meringue suisse qui ressemble à celle proposée ici.

SIROP D'IMBIBAGE

Ingrédients

Pour 120 g environ
Préparation : 15 min
Cuisson : 5 minutes

- 100 g de sucre en poudre
- 15 cl d'eau

Dans une casserole, faites chauffer le sucre et l'eau sur feu moyen pendant environ 5 minutes.

Votre sirop est prêt quand il épaissit légèrement. Coupez le feu, puis laissez-le refroidir 5 à 10 minutes avant de le verser dans un récipient ou directement dans une pipette.

Pour le sirop, beaucoup de combinaisons sont possibles : vous pouvez y rajouter des arômes, du cacao, ou bien un zeste de citron... en fonction du fourrage du gâteau.

Les MODELAGES

MOCHI GLACES

Niveau :

Ingrédients

Pour 1 modelage de 13 cm de haut et 4 cm de large environ

- ★ 30 g de pâte à sucre jaune
- ★ 30 g de pâte à sucre verte
- ★ 30 g de pâte à sucre orange
- ★ Un peu de pâte à sucre noire
- ★ Un peu de pâte à sucre rose

Matériel

- ★ 1 pique à brochette
- ★ Cutter
- ★ Feutre alimentaire noir (facultatif)

ÉTAPE 1
LA STRUCTURE

Réalisez 3 boules de pâte à sucre de même taille, de 4 cm de diamètre environ, et piquez-les, les unes après les autres, sur la pique à brochette en bois.

ÉTAPE 2
LES OREILLES

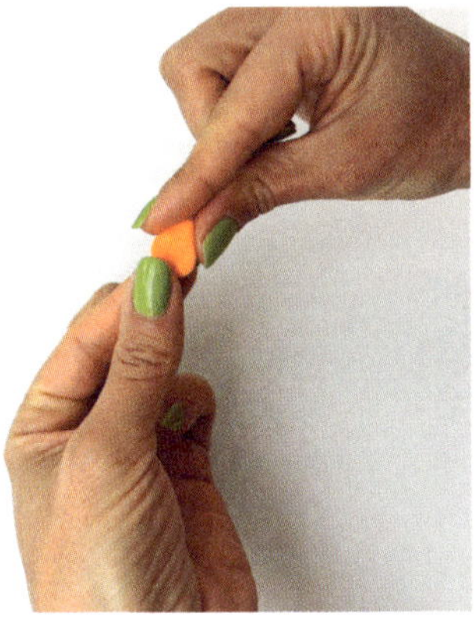

Sur la boule du dessus, réalisez des petites oreilles de chat. Pour cela, prenez 1 petite boule de pâte à sucre de la même couleur, modelez-la en triangle aplati.

Puis collez un triangle rose plus petit à l'intérieur. Renouvelez l'opération pour la deuxième oreille.

À l'aide du cutter, faites deux encoches sur le haut de la boule et mettez une goutte d'eau à l'intérieur.

Placez les oreilles pour qu'elles adhèrent.

ÉTAPE 3
LES PATTES

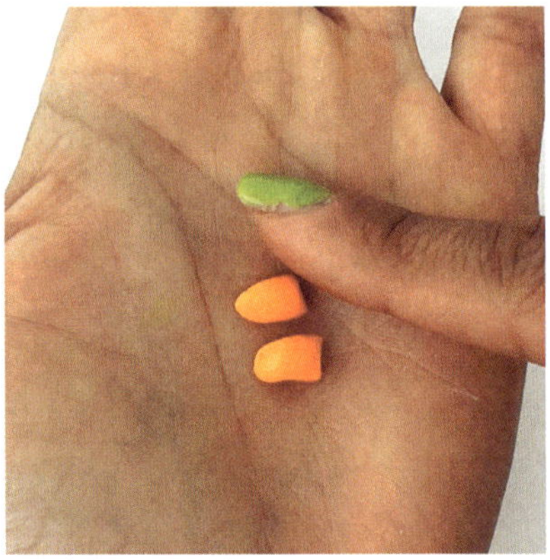

Formez 2 petits boudins de la même couleur que la première boule et placez-les sur le haut du deuxième mochi.

ÉTAPE 4
LES VISAGES

Pour les yeux, le nez, la bouche et la moustache des mochis, réalisez de très fins boudins noirs en pâte à sucre, ainsi que de minuscules boules pour les yeux, le nez ou la bouche.

Vous pouvez aussi les tracer avec un feutre alimentaire noir, ou à défaut un pinceau avec du colorant noir.

Soyez patient.e, c'est un travail très minutieux ! Pour faire adhérer les boudins, n'hésitez pas à humidifier les mochis, mais avec très peu d'eau.

FANTÔME KAWAII

Niveau :

Ingrédients

Pour 1 modelage de 4 cm de haut et 6 cm de large environ

- 55 g de pâte à sucre blanche
- Un peu de pâte à sucre noire
- Un peu de pâte à sucre rose

Matériel

- Tapis en silicone
- Rouleau
- Emporte-pièce de 9 cm de diamètre
- Cutter

Ce modelage est assez facile à réaliser et fera son petit effet pour HALLOWEEN.

ÉTAPE 1
LE CORPS

Réalisez 2 boules de pâte à sucre blanche de même taille, de 3 cm de diamètre environ.

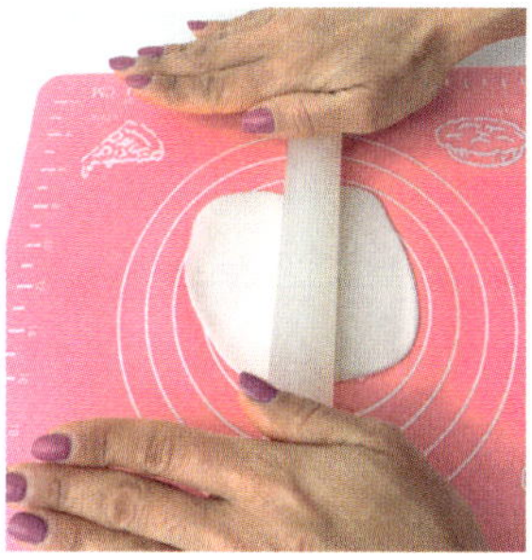

Sur le tapis en silicone, étalez 1 des 2 boules.

Détaillez-la à l'aide de l'emporte-pièce en un disque d'un diamètre triple (soit environ 9 cm) de celui de la première boule.

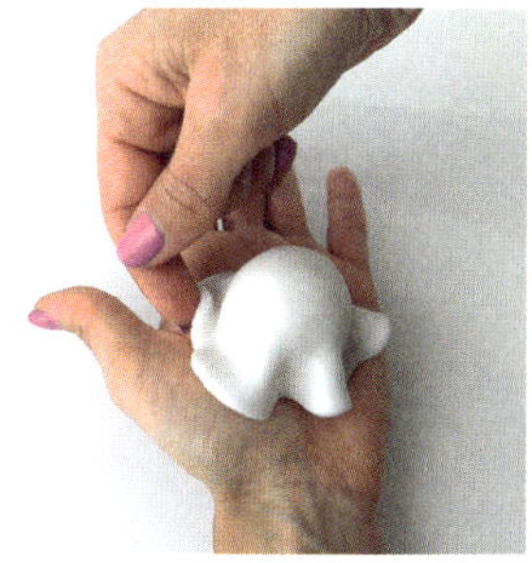

Déposez ce disque au-dessus de la première boule, en le faisant onduler en bas pour figurer le drap.

ÉTAPE 2
LE VISAGE

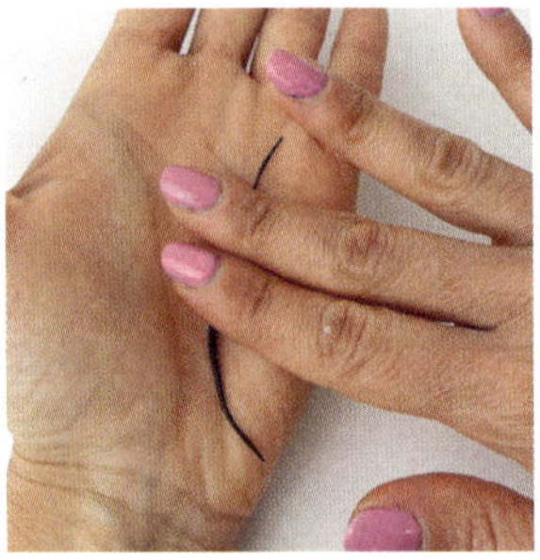

Modelez 1 fin boudin de pâte à sucre noire. Découpez-y 3 petits morceaux, pour les yeux et le sourire, et 2 autres pour les cils.

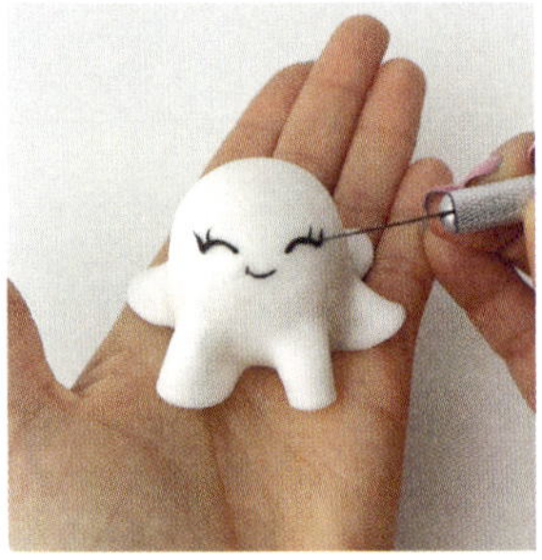

Déposez-les délicatement avec un peu d'eau en arc de cercle sur le visage du fantôme.

Réalisez 1 toute petite boule rose et collez-la en dessous du sourire à l'aide du cutter, pour la langue.

ÉTAPE 3
LE NŒUD

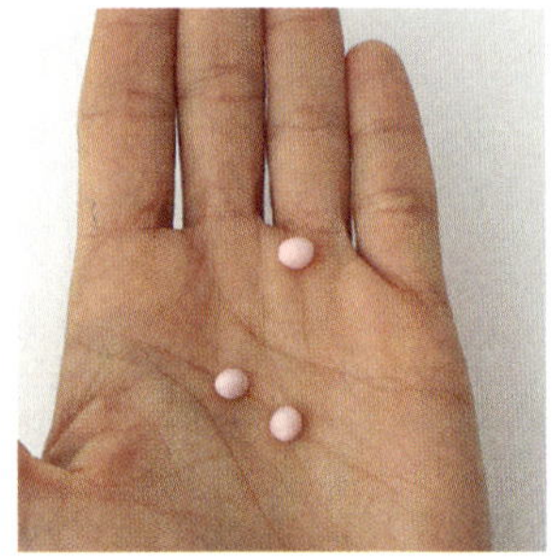

Réalisez 3 petites boules de pâte à sucre rose de taille égale.

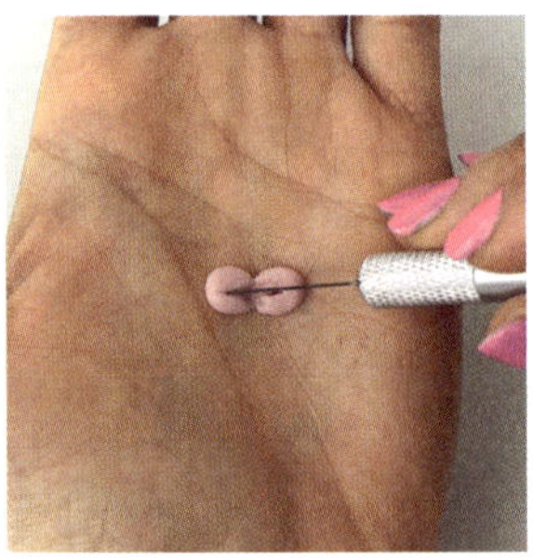

Collez-en 2 côte à côte et aplatissez-les avec le cutter, faites un trou au milieu, puis un trait horizontal au cutter.

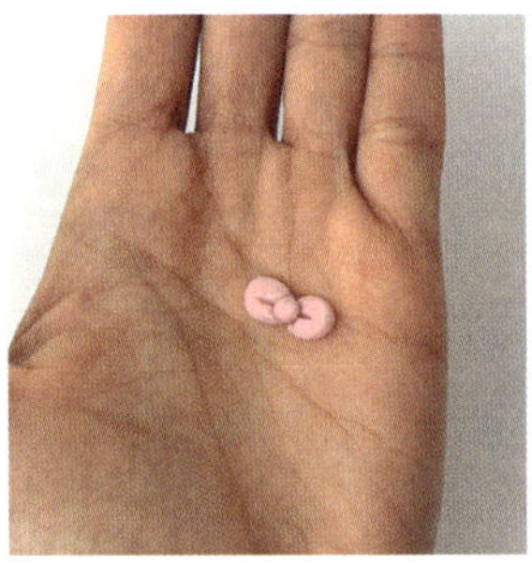

Collez la dernière boule dans le trou.
Collez alors avec un peu d'eau ce petit nœud sur la tête du fantôme.

ÉTAPE 4
LES BRAS

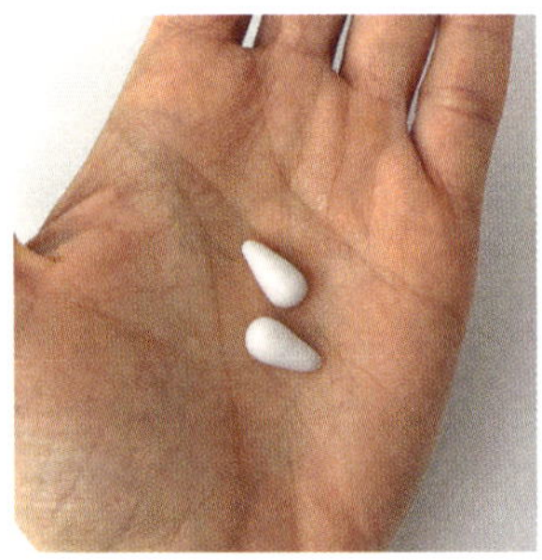

Modelez 2 boules blanches en cônes pour former les bras.

À l'aide d'un pinceau, humidifiez chaque côté du corps, et placez-y les bras.

S'il vous semble trop difficile de former les traits du visage en pâte à sucre, vous pouvez les dessiner avec un feutre alimentaire noir.

CUPCAKE

Niveau :

Ingrédients

Pour 1 modelage de 7 cm de haut et 6 cm de large environ

- 60 g de pâte à sucre blanche
- 40 g de pâte à sucre rose
- Un peu de pâte à sucre noire
- Un peu de pâte à sucre rouge
- Des confettis ou vermicelles colorés

Matériel

- Palette
- Stylet rond
- Pinceau alimentaire

ÉTAPE 1
LA CAISSETTE

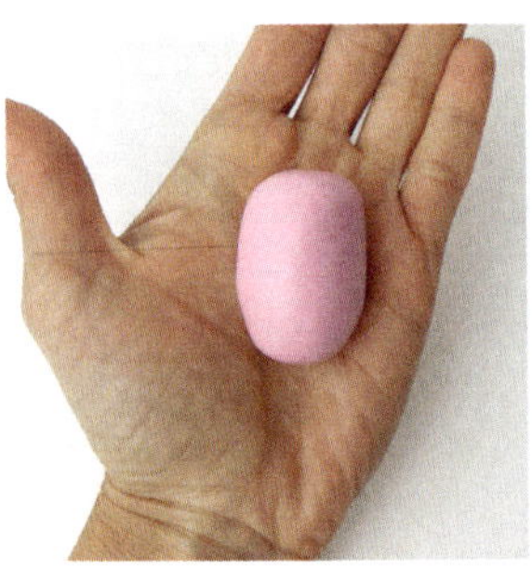

Façonnez 1 boule de 4 cm de diamètre environ avec la pâte à sucre rose, puis donnez-lui une forme ovale.

Avec la palette, appuyez de chaque côté de cette boule pour l'aplatir légèrement.

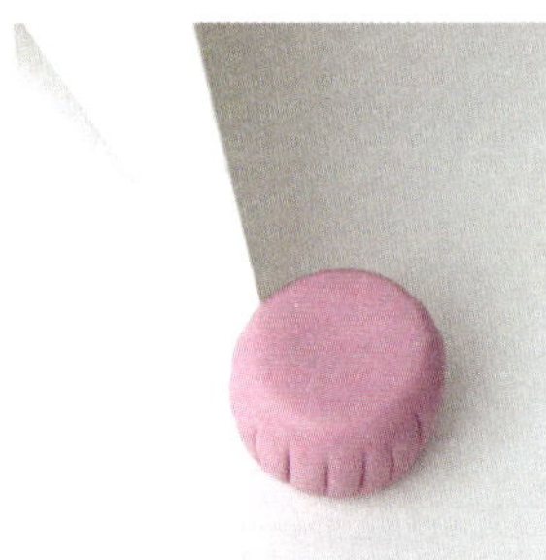

Puis faites des encoches verticales, à l'aide de la palette, tout autour de la boule pour former la caissette.

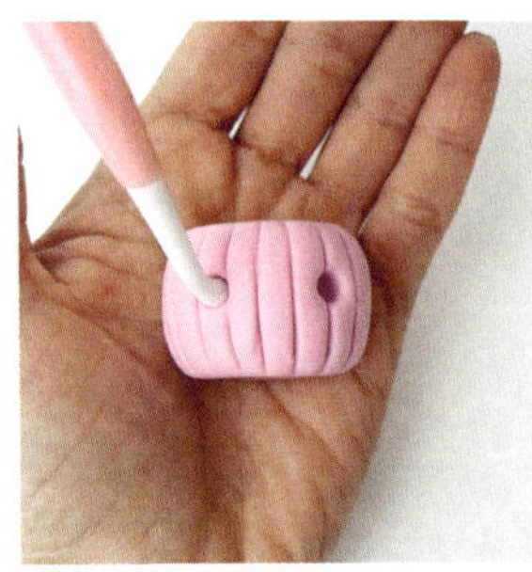

Retournez la boule de pâte à sucre rose et, avec le stylet rond, faites deux trous pour les yeux.

Placez 2 petites boules de pâte à sucre noire dans les trous, ainsi que 2 plus petites blanches, en diagonale, pour donner de la lumière et du kawaii aux yeux. Pour les joues, placez en dessous des yeux 2 petites boules rouges aplaties.

Faites 1 fin et petit boudin de pâte à sucre noire pour la bouche. Collez-le en arc de cercle à l'aide d'un peu d'eau au milieu des joues.

ÉTAPE 2
LA CRÈME

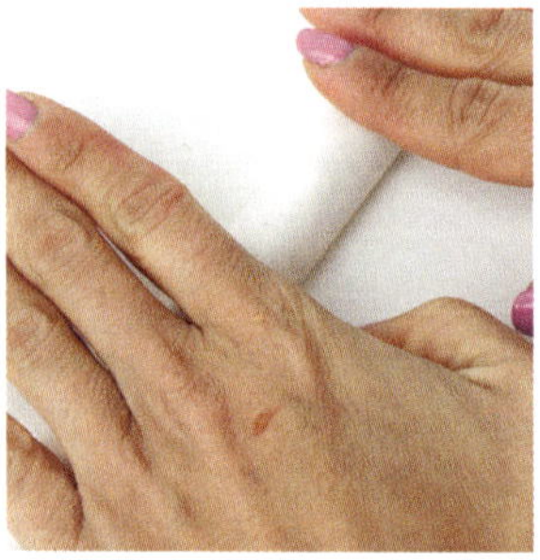

Modelez 1 boudin assez long et épais avec la pâte à sucre blanche. (Vous pouvez aussi la faire version chocolat avec la couleur marron.)

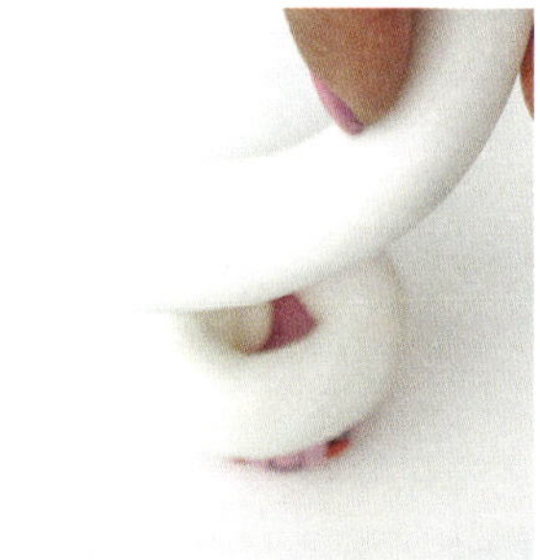

Déposez au pinceau un peu d'eau sur le haut de la caissette, et placez-y le boudin blanc en spirale, comme si vous dressiez une chantilly avec une poche à douille.

Pincez l'extrémité pour faire la pointe.

ÉTAPE 3
LA DÉCORATION

Collez sur le cupcake les éléments décoratifs de votre choix (perles de sucre, vermicelles colorés, cerise...).

Pour coller des éléments décoratifs sur le cupcake, humidifiez la pâte à l'aide d'un pinceau imbibé d'un peu d'eau.

CACTUS

Niveau :

Ingrédients

Pour 1 modelage de 8 cm de haut et 3,5 cm de large environ

- 40 g de pâte à sucre verte
- 30 g de pâte à sucre rose clair
- 10 g de pâte à sucre rose foncé
- Un peu de pâte à sucre noire
- Un peu de pâte à sucre jaune

Matériel

- Palette
- Tapis en silicone
- Rouleau
- 1 cure-dent
- Stylet rond
- Cutter

ÉTAPE 1
LE POT

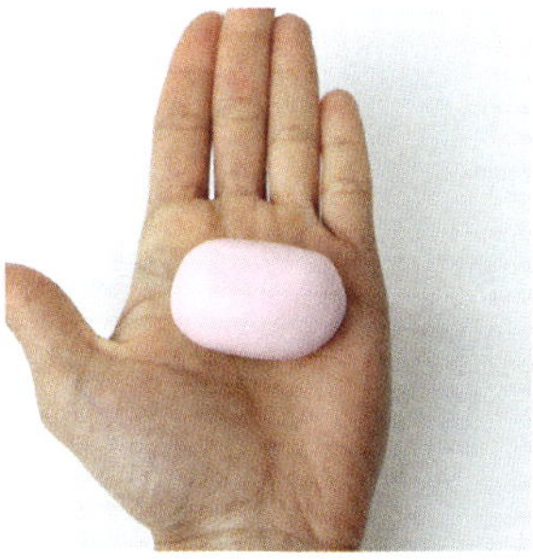

Façonnez 1 boule de pâte à sucre rose clair de 3 cm de diamètre environ, puis donnez-lui une forme ovale.

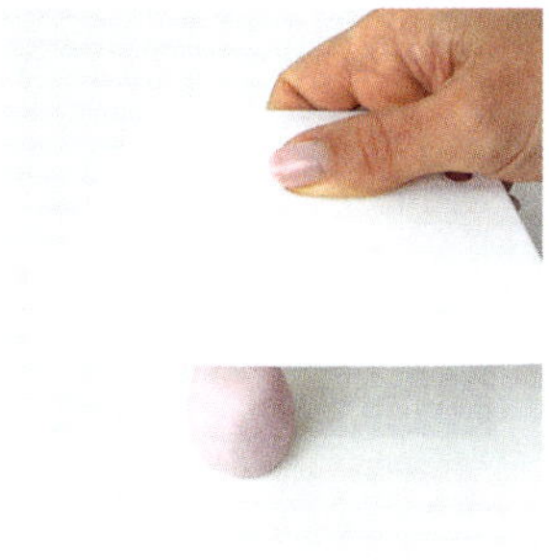

Aplatissez-la sur le haut et sur le bas à l'aide de la palette pour former le pot.

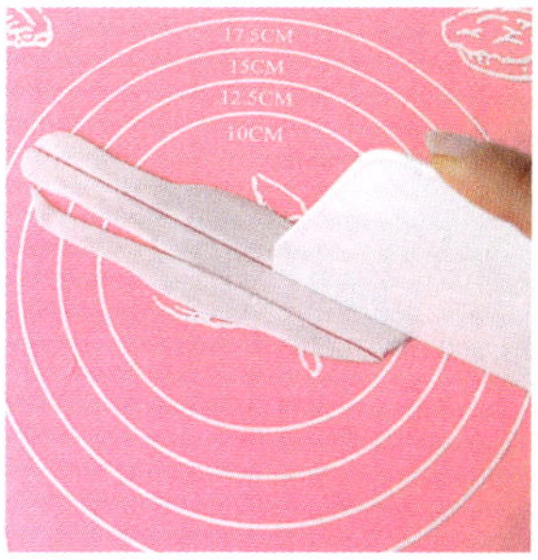

Sur le tapis en silicone, étalez le reste de pâte à sucre rose clair et détaillez-y 1 bandelette avec la palette.

Collez-la autour du pot tout en haut.

ÉTAPE 2
LE CACTUS

Façonnez 1 boule de 4 cm de diamètre environ avec la pâte à sucre verte, puis modelez-la en cône en roulant un côté dans la paume de votre main.

Faites des stries verticales tout autour avec la palette.

Plantez un cure-dent dans le pot, et piquez le cactus dessus.

ÉTAPE 3
LA FLEUR

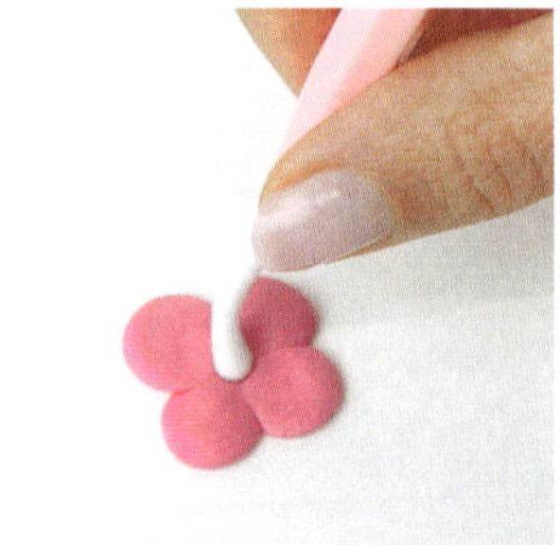

Formez 4 petites boules rose foncé, puis collez-les en cercle. Aplatissez-les ensemble pour former les pétales, puis faites un trou au milieu avec le stylet rond.

Façonnez 1 petite boule jaune et déposez-la dans le trou. Faites ensuite les décors au cutter.

Récupérez délicatement votre fleur, puis collez-la avec un peu d'eau en haut du cactus.

ÉTAPE 4
LE VISAGE

Réalisez 2 petites boules noires pour les yeux et collez-les sur le cactus en les aplatissant un peu. Ajoutez à l'intérieur des yeux 2 minuscules boules blanches.

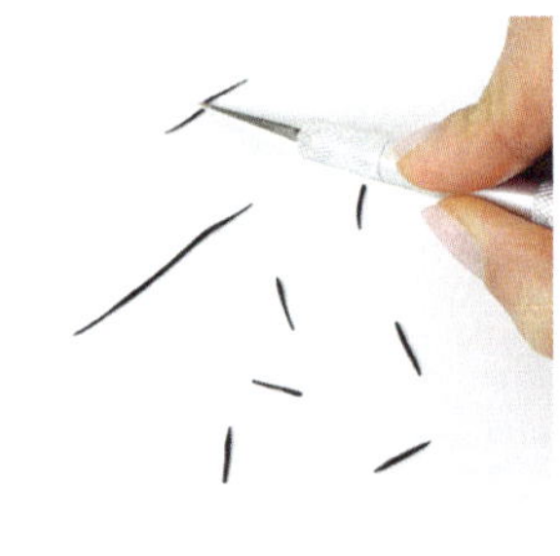

Réalisez ensuite 1 long et très fin boudin noir, et découpez-le en plusieurs petits morceaux avec le cutter.

Déposez, avec le cutter, 1 morceau en arc de cercle pour la bouche, puis plusieurs en bas et dans les rayures pour les épines.

HIBOU

Niveau :

Ingrédients

Pour 1 modelage de 6 cm de haut et 6 cm de large environ

- 40 g de pâte à sucre violette
- 20 g de pâte à sucre beige
- 10 g de pâte à sucre blanche
- 10 g de pâte à sucre jaune
- Un peu de pâte à sucre noire

Matériel

- Tapis en silicone
- Rouleau
- Stylet pointu
- Emporte-pièce de 3 cm de diamètre
- Stylet arc de cercle
- Cutter

ÉTAPE 1
LE CORPS ET LA TÊTE

Façonnez 1 boule de pâte à sucre violette de 5 cm de diamètre environ, puis donnez-lui une forme ovale.

Pincez-la ensuite au milieu entre le pouce et l'index.

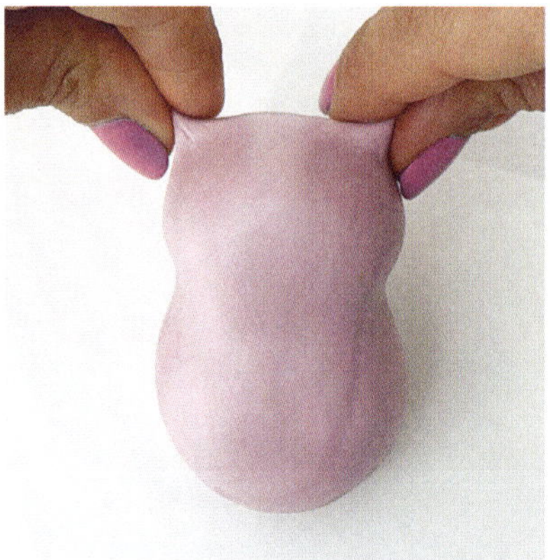

Puis pincez le haut de la pâte à sucre, à droite et à gauche, afin de former les oreilles.

ÉTAPE 2
LES YEUX

Aplatissez 2 petites boules de pâte à sucre blanche, puis collez-les côte à côte au milieu de la tête.

Faites un trou au milieu de chaque œil avec le stylet pointu, puis déposez-y 2 petites boules de pâte à sucre noire.

ÉTAPE 3
LE BEC

Façonnez 1 petite boule de pâte à sucre jaune en triangle. Collez ce morceau, pointe vers le bas, au milieu des deux yeux, en bas.

ÉTAPE 4
LE VENTRE

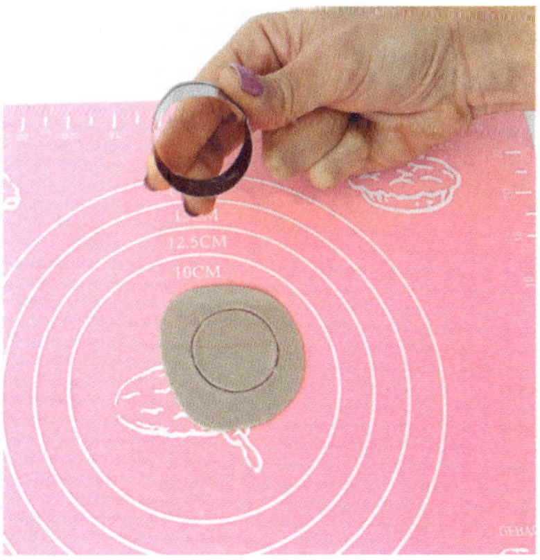

Sur le tapis en silicone, étalez la pâte à sucre beige à l'aide du rouleau. Découpez-y 1 petit disque à l'aide de l'emporte-pièce.

Collez-le sur le ventre du hibou.

Ajoutez une pointe d'eau si les éléments n'adhèrent pas.

Avec le stylet arc de cercle, tracez plusieurs petites marques horizontales, sur la pâte à sucre beige pour figurer les plumes.

ÉTAPE 5
LES AILES

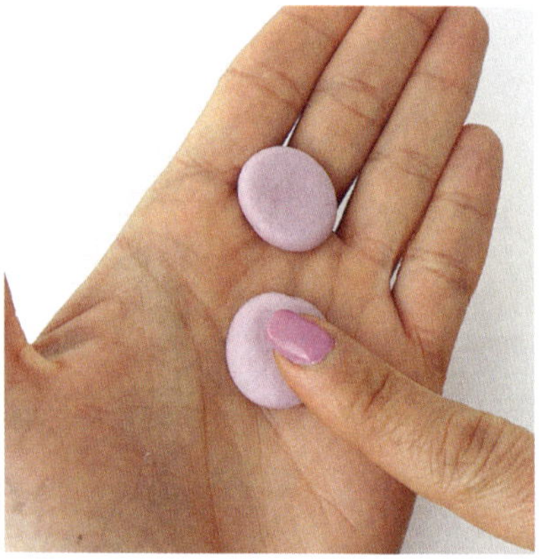

Aplatissez 2 petites boules de pâte à sucre violette.

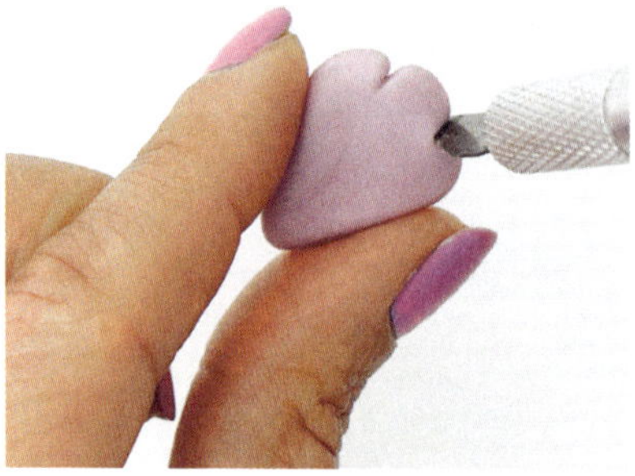

Pincez un des côtés, puis de l'autre côté, faites deux encoches au cutter.

Humidifiez le dos du hibou avec le pinceau, et collez les ailes de chaque côté.

ÉTAPE 6
L'ASSEMBLAGE

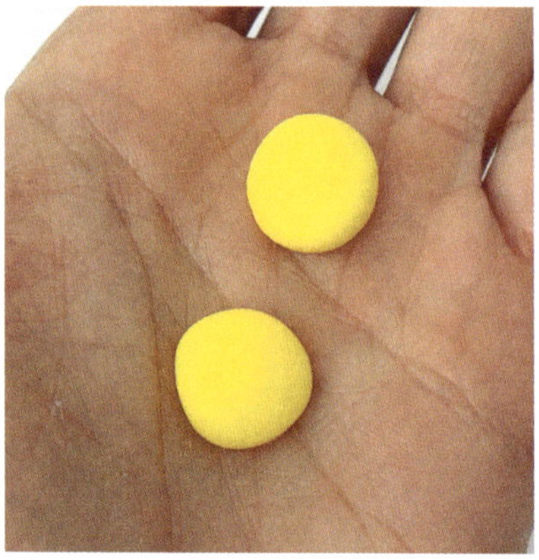

Aplatissez enfin 2 petites boules de pâte à sucre jaune.

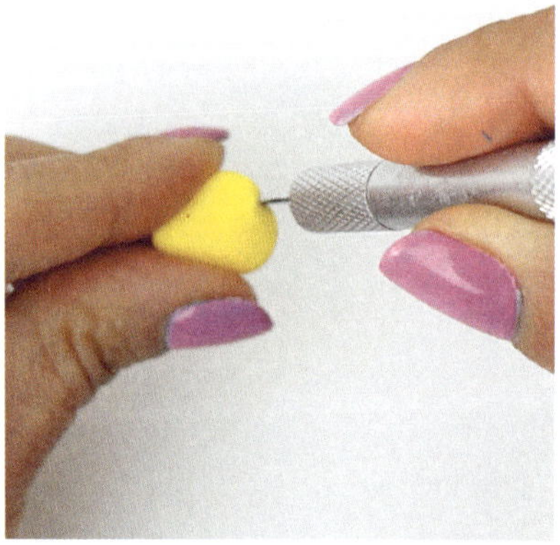

De la même façon que pour les ailes, pincez un côté pour obtenir une forme triangulaire, puis de l'autre côté, réalisez 2 encoches au cutter.

Humidifiez le bas du corps, puis collez-y les 2 pattes de chaque côté.

Si le hibou ne tient pas bien debout, adossez-le à une tasse ou un verre pour le soutenir le temps qu'il sèche.

RONDOUDOU

Niveau : 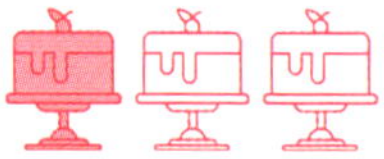

Ingrédients

Pour 1 modelage de 7 cm de haut et 6,5 cm de large environ

- 90 g de pâte à sucre rose clair
- 10 g de pâte à sucre noire
- Un peu de pâte à sucre rouge

Matériel

- Stylet arc de cercle
- Stylet droit

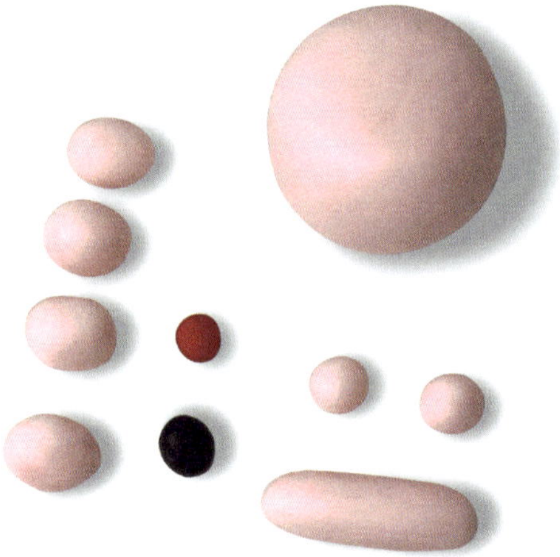

ÉTAPE 1
LA TÊTE

Façonnez 1 boule de pâte à sucre rose de 5 cm de diamètre environ, puis aplatissez-la légèrement avec la paume de votre main.

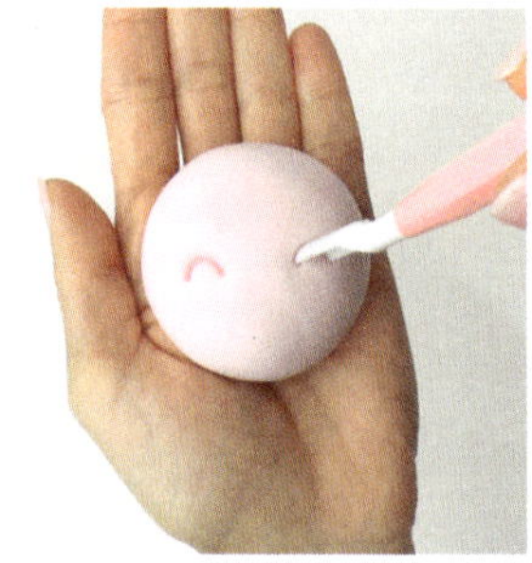

Réalisez la forme des yeux avec le stylet arc de cercle.

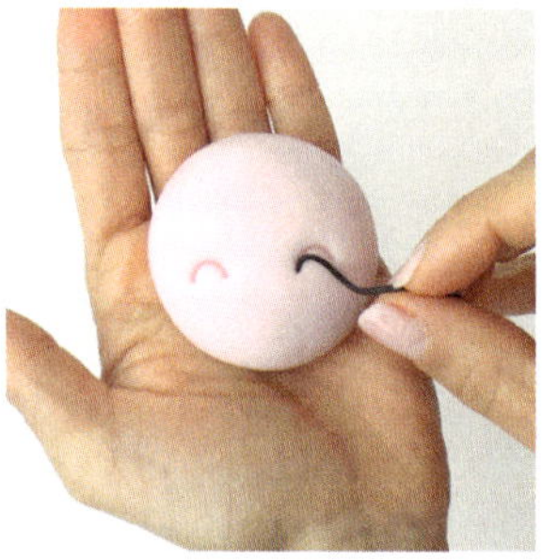

Puis, avec 1 fin boudin de pâte à sucre noire, tracez les yeux.

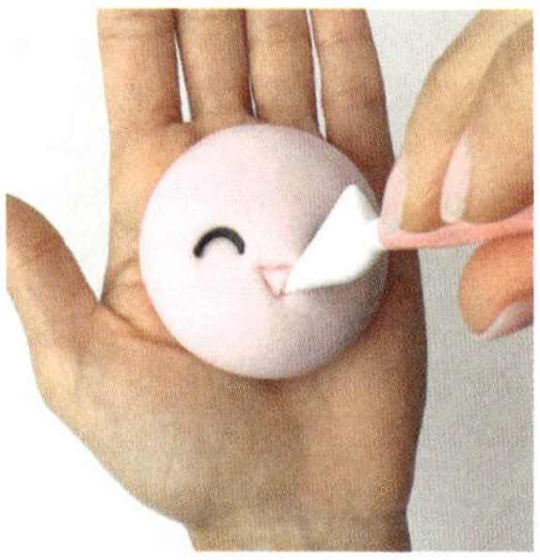

Avec le stylet droit, creusez une forme triangulaire pour la bouche.

Insérez-y un petit bout de pâte à sucre rouge.

ÉTAPE 2
LES CHEVEUX

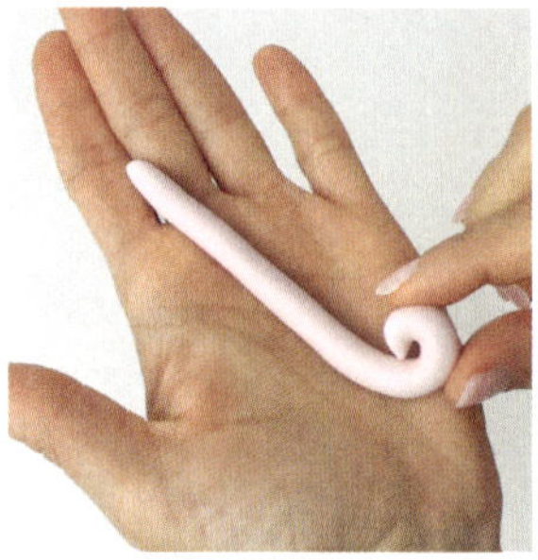

Réalisez 1 boudin de pâte à sucre rose clair. Enroulez-le comme un escargot.

Déposez-le (avec un peu d'eau) au-dessus de la tête de Rondoudou.

ÉTAPE 3
LES OREILLES

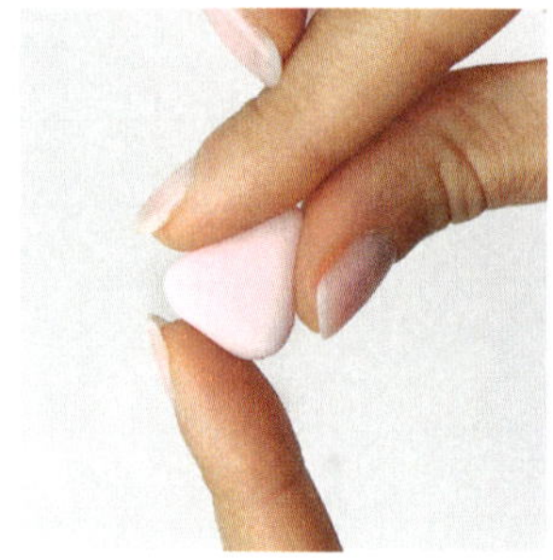

Pour les oreilles, façonnez 2 boules rose clair, puis 2 plus petites noires. Aplatissez les roses, puis pincez un des côtés entre le pouce et l'index, pour en faire une forme triangulaire.

Déposez au milieu 1 petite boule noire sur chacune des oreilles.

Collez-les avec un peu d'eau de chaque côté de la tête.

ÉTAPE 4
LES PATTES

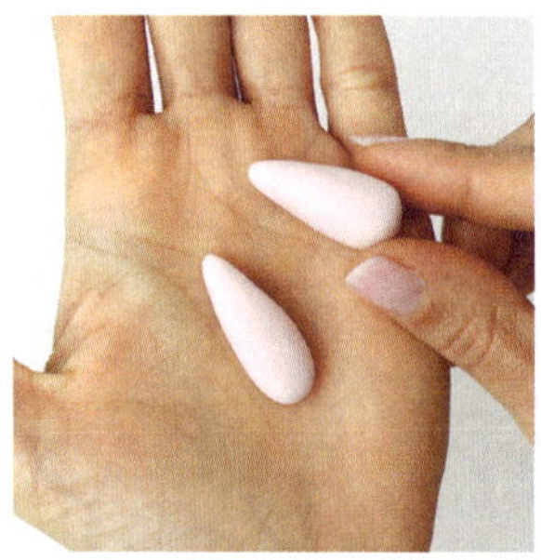

Pour les bras, modelez 2 boules rose clair en forme de cône.

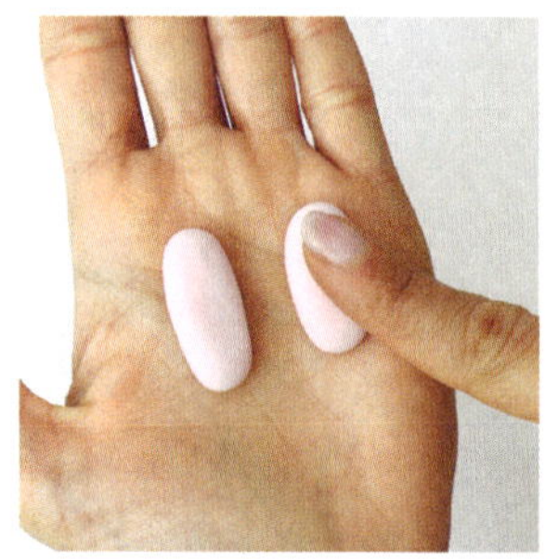

Pour les pieds, réalisez 2 boudins roses et aplatissez-les avec l'index.

Posez-les à plat légèrement espacés, en canard, puis déposez la tête de Rondoudou dessus.

Pour finir, faites adhérer avec un peu d'eau les bras de Rondoudou.

Si les bras ne tiennent pas, vous pouvez y insérer un cure-dent.

DINO

Niveau : 

Ingrédients

Pour 1 modelage de 9 cm de haut et 5 cm de large environ

- 90 g de pâte à sucre vert clair
- 10 g de pâte à sucre vert foncé
- Un peu de pâte à sucre noire
- Un peu de pâte à sucre rose

Matériel

- 1 cure-dent
- Stylet droit
- Stylet pointu

ÉTAPE 1
LA TÊTE

Façonnez 1 boule de pâte à sucre vert clair de 5 cm de diamètre environ.

Préparez 2 petites boules de pâte à sucre noire pour les yeux, ainsi que 1 fin boudin noir pour la bouche et placez-les sur la tête.

Aplatissez 2 petites boules de pâte à sucre rose au niveau des joues, sous les yeux.

ÉTAPE 2

LE CORPS ET LES PATTES

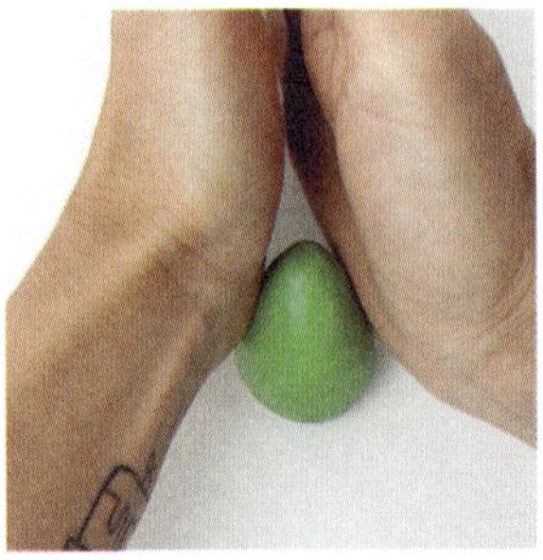

Façonnez une deuxième boule de pâte à sucre vert clair de 4 cm de diamètre environ, puis donnez-lui la forme d'un cône à l'aide de vos mains.

Pour les pattes avant, réalisez 2 petits cônes de pâte à sucre vert clair et déposez-les de chaque côté en haut du corps.

Pour les pattes arrière, aplatissez 2 petites boules de pâte à sucre vert clair légèrement triangulaires et, à l'aide du stylet, faites deux petites marques pour les doigts. Collez-les ensuite en bas du corps de chaque côté, avec une pointe d'eau si besoin.

ÉTAPE 3

LA QUEUE

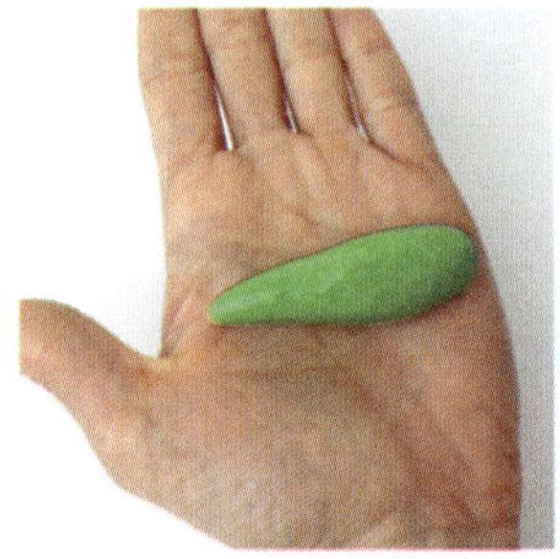

Modelez une dernière boule de pâte à sucre vert clair de 3 cm de diamètre environ et formez-en un cône.

Placez-le à l'arrière du dino.

ÉTAPE 4

LES FINITIONS

Plantez un cure-dent dans le corps pour une meilleure tenue de votre modelage, puis piquez la tête dessus.

Déposez 2 petites boules de pâte à sucre vert foncé au niveau de la plante des pieds. Avec le stylet pointu, faites un petit trou au milieu du ventre pour marquer le nombril.

Modelez plusieurs petites boules de pâte à sucre vert foncé, aplatissez-les et travaillez-les entre vos doigts pour obtenir une forme triangulaire. Posez alors ces écailles sur le dino, en partant de la tête, puis en descendant le long du dos jusqu'à la queue.

BONHOMME PAIN D'ÉPICE

Niveau :

Ingrédients

Pour 1 modelage de 8 cm de haut et 6 cm de large environ

- ★ 90 g de pâte à sucre marron
- ★ 20 g de pâte à sucre rouge
- ★ 10 g de pâte à sucre blanche
- ★ Un peu de pâte à sucre noire
- ★ Un peu de pâte à sucre rose
- ★ Un peu de pâte à sucre verte

Matériel

- ★ Tapis en silicone
- ★ Rouleau
- ★ Emporte-pièce bonhomme ou gabarit (voir modèle p. 174)
- ★ Stylet droit
- ★ Pinceau alimentaire
- ★ Cutter

ÉTAPE 1
LE CORPS

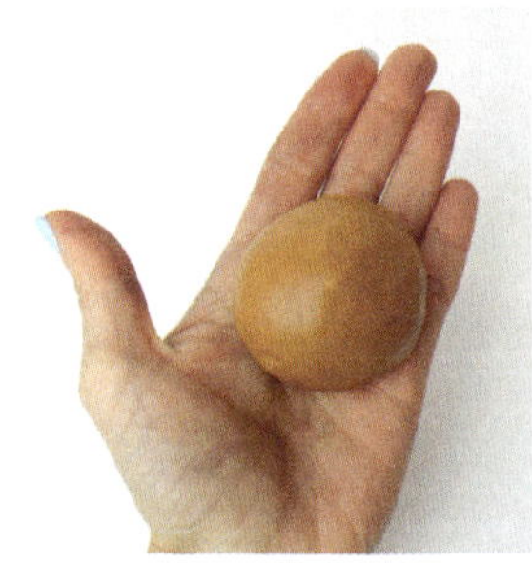

Façonnez 1 boule de 5 cm de diamètre environ avec la pâte à sucre marron.

Étalez-la sur le tapis en silicone en conservant une bonne épaisseur.

Puis découpez à l'aide de l'emporte-pièce une forme de bonhomme.

Si vous n'avez pas d'emporte-pièce, vous pouvez vous créer un gabarit en papier, et découper ensuite la forme au cutter.

ÉTAPE 2
LE BONNET

Modelez en cône la boule de pâte à sucre rouge. Aplatissez le cône et déposez-le sur la tête du bonhomme. Retournez la pointe vers le bas.

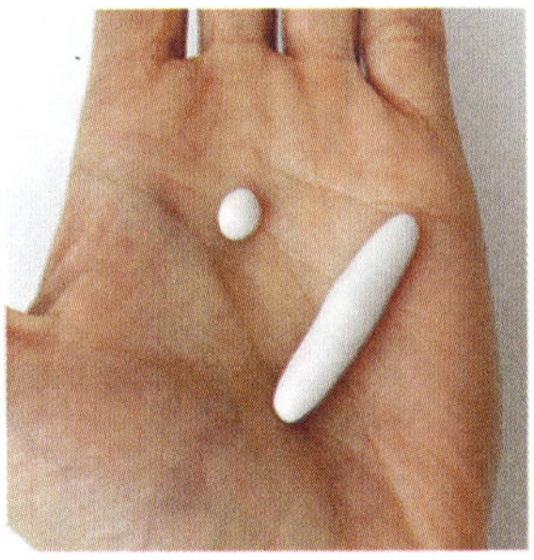

Avec la pâte à sucre blanche, faites 1 boudin et 1 petite boule.

Placez le boudin au bord du bonnet à l'aide du stylet droit, puis coupez l'excédent de pâte au cutter.

Faites adhérer la petite boule au bout du bonnet, avec un peu d'eau déposée au pinceau.

ÉTAPE 3
LE VISAGE

Réalisez 2 mini-boules et 1 très fin boudin de pâte à sucre noire pour les yeux et la bouche. Collez cette dernière en arc de cercle entre les yeux.

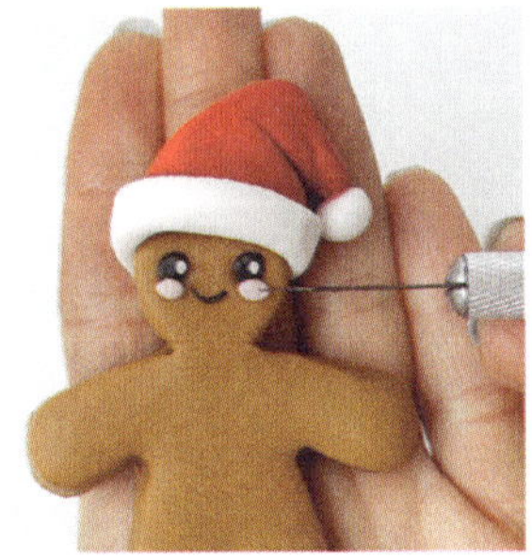

Déposez très délicatement 1 minuscule boule blanche au milieu des yeux, puis réalisez 2 petites boules roses que vous collerez juste en dessous pour les joues.

Si vous le laissez bien sécher, le bonhomme pain d'épice durcira et pourra se lever pour prendre sa place sur une bûche, par exemple.

ÉTAPE 4
LES BOUTONS ET LES FINITIONS

Collez 2 petites boules de pâte à sucre verte au milieu du corps du bonhomme en pain d'épice.

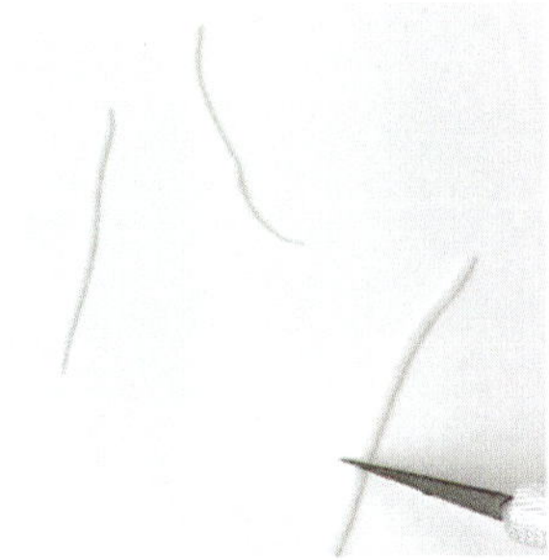

Réalisez 1 très fin boudin de pâte à sucre blanche et découpez-y 4 morceaux.

Humidifiez avec un pinceau les extrémités des bras et des jambes du bonhomme, puis collez-y les boudins en faisant de petites dentelles.

BUBBLE TEA

Niveau :

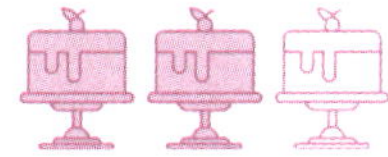

Ingrédients

Pour 1 modelage de 13 cm de haut et 5 cm de large environ

- ★ 70 g de pâte à sucre rose clair
- ★ 60 g de pâte à sucre blanche
- ★ 25 g de pâte à sucre noire
- ★ 15 g de pâte à sucre vert clair

Matériel

- ★ Palette
- ★ Tapis en silicone
- ★ Rouleau
- ★ Emporte-pièce de 6 cm de diamètre
- ★ Stylet droit
- ★ Stylet rond
- ★ 1 cure-dent

ÉTAPE 1
LE POT

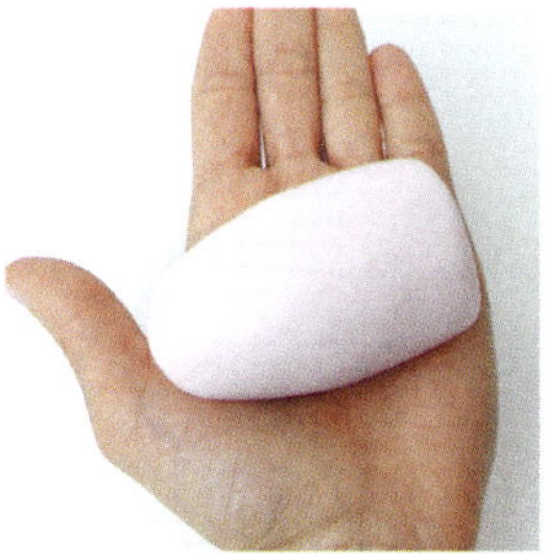

Façonnez 1 boule de 6 cm de diamètre environ avec la pâte à sucre rose clair, puis donnez-lui une forme ovale.

Aplatissez-la sur le haut et sur le bas à l'aide de la palette pour former le gobelet.

Sur le tapis en silicone, étalez un morceau de pâte à sucre blanche, puis découpez à l'aide de l'emporte-pièce 1 disque d'un diamètre légèrement plus grand que celui du pot.

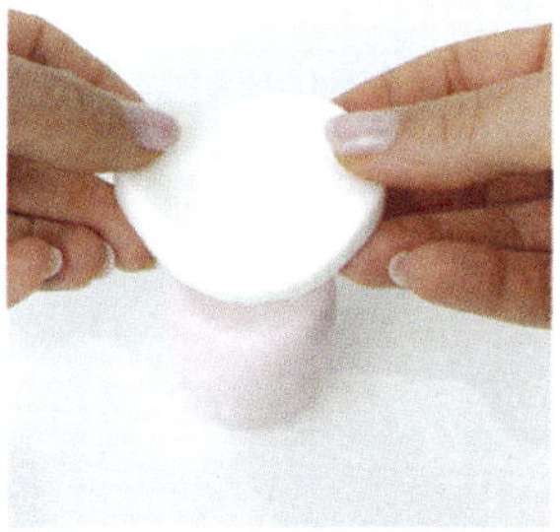

Collez-le sur le dessus du gobelet.

ÉTAPE 2
LES BUBBLES

Réalisez plusieurs toutes petites billes de pâte à sucre noire et aplatissez-en de manière irrégulière, au bas de votre bubble tea.

ÉTAPE 3
LE COUVERCLE

Façonnez 1 boule de pâte à sucre blanche de 4 cm de diamètre environ.

Aplatissez-la d'un côté et déposez-la sur le dessus du pot.

Réalisez 2 petites boules de pâte à sucre blanche et aplatissez-les pour former les oreilles.

Entaillez la boule blanche sur le haut pour y insérer ces oreilles de chaque côté du couvercle.

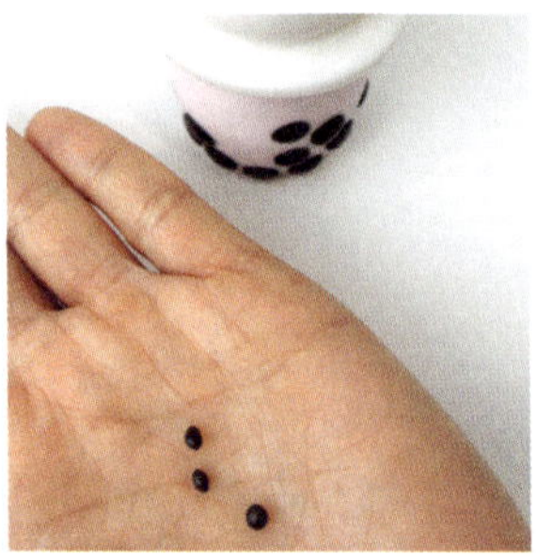

Faites ensuite 3 mini-boules noires et collez-les côte à côte en ligne pour le nez et les yeux. Puis 2 roses que vous collerez en dessous des yeux pour les joues.

ÉTAPE 4
LA PAILLE

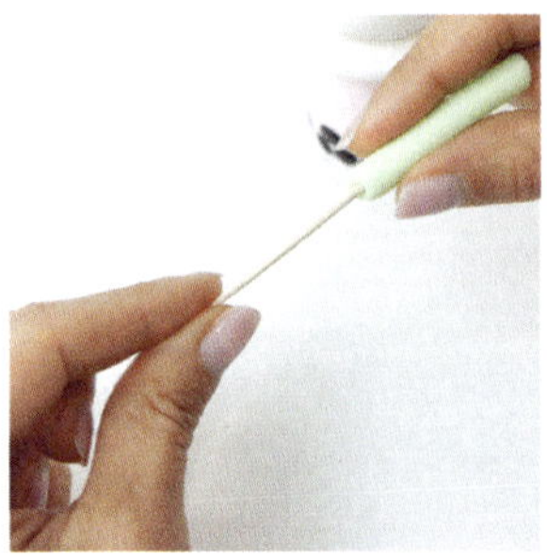

Réalisez 1 long boudin avec la pâte à sucre verte et plantez-y ensuite un cure-dent.

Faites un petit trou dans le couvercle avec le stylet rond, humidifiez avec un peu d'eau et plantez-y votre paille !

ÉTAPE 5
LES FINITIONS

Avec la palette, réalisez de petites encoches tout autour du bord du couvercle.

PINGOUIN

Niveau :

Ingrédients

Pour 1 modelage de 8 cm de haut et 7 cm de large environ

- 80 g de pâte à sucre noire
- 20 g de pâte à sucre blanche
- 20 g de pâte à sucre jaune
- Un peu de pâte à sucre rose

Matériel

- Tapis en silicone
- Rouleau
- Cutter
- Stylet droit
- Stylet rond

ÉTAPE 1
LE CORPS ET ET LE BEC

Façonnez 1 boule de pâte à sucre noire de 6 cm de diamètre environ, puis donnez-lui une forme ovale.

Pincez le milieu avec votre pouce et index pour donner forme au corps du pingouin.

Étalez un morceau de pâte à sucre blanche et découpez-y une forme ovale à l'aide du cutter.

Retirez un morceau de pâte en haut au milieu, qui sera l'espace entre les yeux.

Collez cette forme sur le corps noir du pingouin.

Formez une petite boule de pâte à sucre jaune et déposez-la en bas de l'espace découpé pour former le bec.

N'hésitez pas à ajouter un peu d'eau pour bien coller la forme sur le corps.

ÉTAPE 2
LES AILES

Faites une encoche horizontale au milieu du bec à l'aide du stylet droit.

Façonnez 2 boules de pâte à sucre noire de 1 cm de diamètre environ et 2 boules de pâte à sucre blanche légèrement plus petites.

Aplatissez les boules noires et pincez-les au bout pour obtenir une forme triangulaire.

Aplatissez ensuite les boules blanches en ovale et déposez-les à l'intérieur des ailes noires.

Collez-les ensuite de chaque côté du corps.

ÉTAPE 3
LES YEUX

Réalisez de fins boudins noirs et déposez-les en arc de cercle de chaque côté du bec à l'aide du stylet.

ÉTAPE 4
LE CACHE-OREILLES

Façonnez 2 petites boules roses et aplatissez-les de chaque côté de la tête du pingouin.

Réalisez 1 boudin gris (en mélangeant 1 morceau de pâte à sucre blanche et 1 morceau de pâte à sucre noire).

Puis posez-le autour de la tête.

ÉTAPE 5
LES PATTES

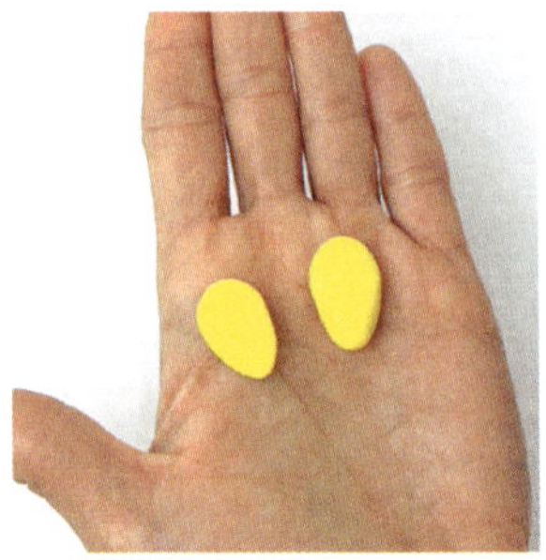

Façonnez 2 boules jaunes de 1 cm de diamètre environ, puis aplatissez-les en pinçant un bord.

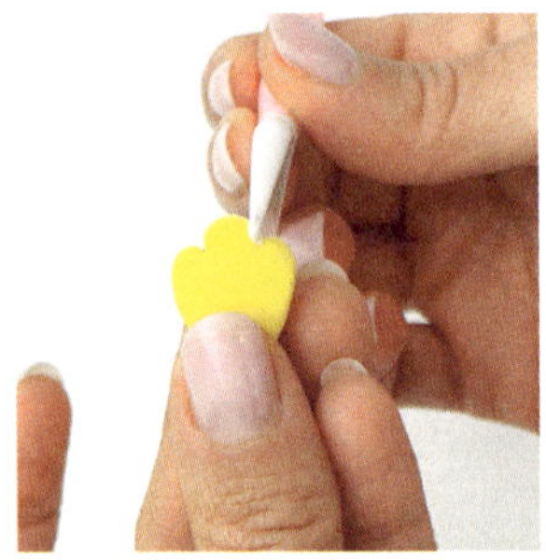

Au stylet, faites deux encoches sur le côté le plus large.

Posez les pattes du pingouin à plat légèrement espacées, puis mettez le corps dessus.

ÉTAPE 6
LES JOUES

Pour accentuer le côté kawaii, préparez 2 mini-boules roses et collez-les sous les yeux pour les joues.

LAPINOU

Niveau :

Ingrédients

Pour 1 modelage de 9 cm de haut et 4 cm de large environ

- 60 g de pâte à sucre blanche
- 10 g de pâte à sucre rose
- 10 g de pâte à sucre orange
- Un peu de pâte à sucre verte
- Un peu de pâte à sucre noire

Matériel

- Stylet rond
- Stylet arc de cercle
- Pinceau alimentaire
- Cutter
- 1 cure-dent

ÉTAPE 1
LE CORPS

Réalisez 2 boules de pâte à sucre blanche de 4 cm de diamètre environ.

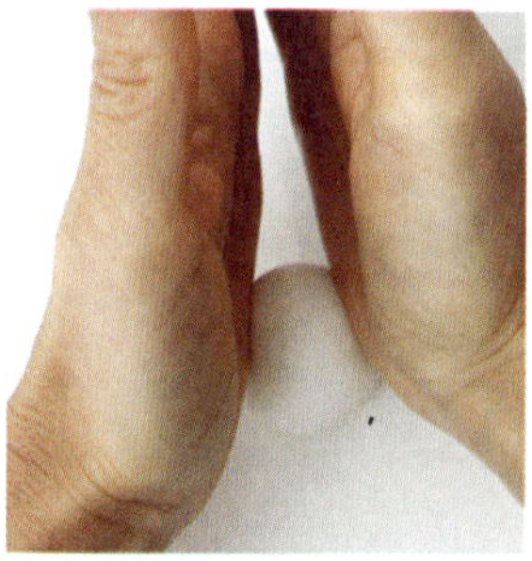

Puis façonnez les boules de façon à leur donner une forme de cône arrondi, un pour le corps et un pour la tête de lapinou.

ÉTAPE 2
LA TÊTE

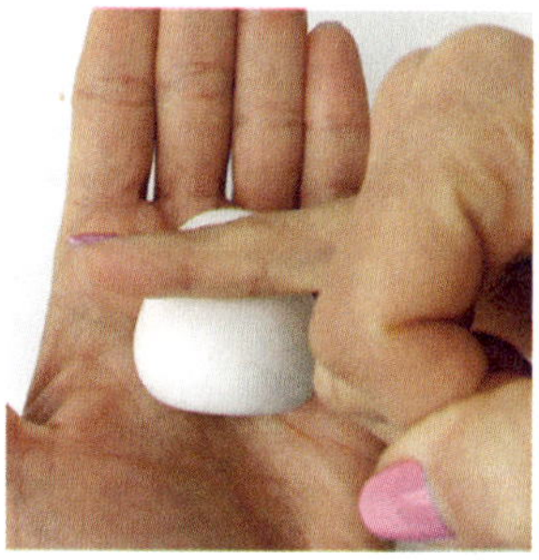

Avec la tranche de votre main, appuyez sur le tiers supérieur de la tête pour marquer le front.

Puis pincez de chaque côté avec votre pouce et votre index pour réaliser la forme de la tête.

Avec le stylet rond, faites deux marques ovales pour les yeux.

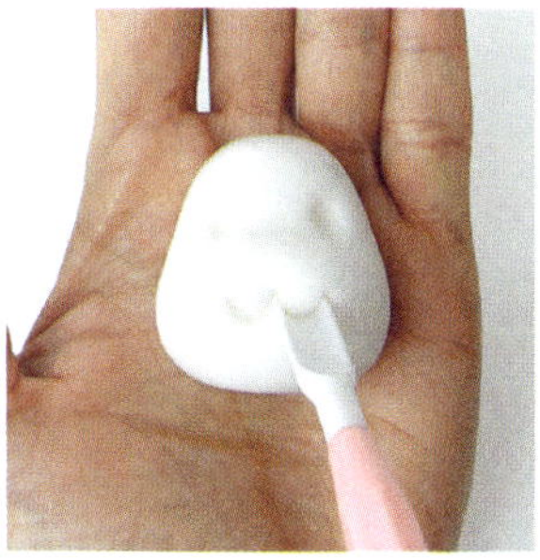

Puis avec le stylet arc de cercle, préparez les marques des babines.

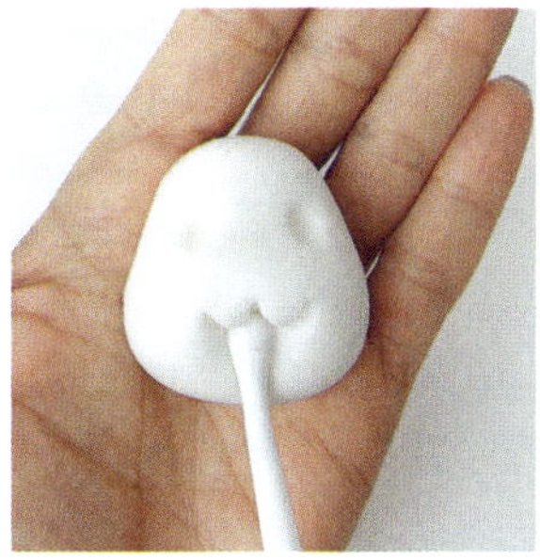

Reprenez votre stylet rond et tracez une marque sous les babines, pour y mettre la carotte plus tard.

Réalisez 2 petites boules noires pour les yeux, ainsi qu'une plus petite pour le nez. Collez-les avec un peu d'eau à l'aide d'un pinceau légèrement humide.

ÉTAPE 3
LES OREILLES

Vous pouvez rajouter de la lumière dans les yeux en déposant sur chacun 2 minuscules boules blanches, en diagonale. Ajoutez en haut des yeux, proches des oreilles, 2 minuscules sourcils noirs (que vous pouvez aussi dessiner au feutre alimentaire).

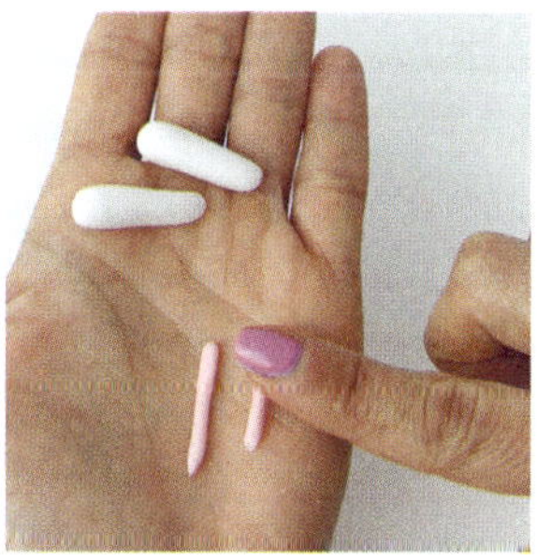

Pour les oreilles, roulez dans la paume de votre main 2 petites boules de pâte à sucre blanche, ainsi que 2 roses plus petites pour faire au total 4 boudins.

Superposez-les et aplatissez-les ensemble.

Faites deux encoches sur le dessus de la tête du lapin avec un cutter et mettez un peu d'eau à l'intérieur. Aplatissez le bout des oreilles et insérez-les dans les encoches.

Laissez la tête avec les oreilles à plat pour qu'elle ait le temps de sécher (le séchage peut prendre quelques heures).

Vous pouvez aussi plier une des oreilles pour un effet plus kawaii.

ÉTAPE 4
LES PATTES

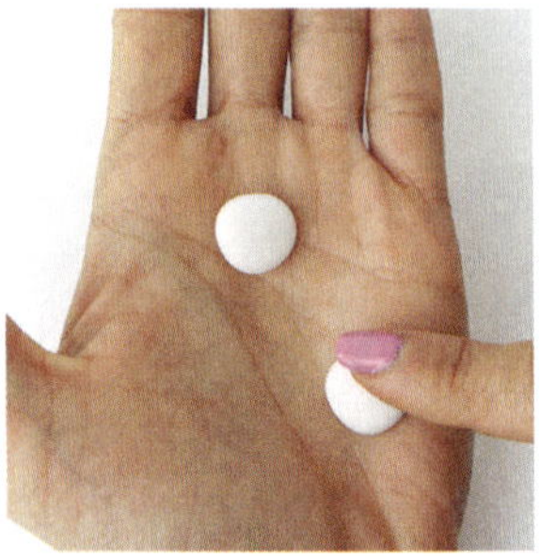

Pour les pattes arrière, aplatissez légèrement 2 petites boules de pâte à sucre blanche.

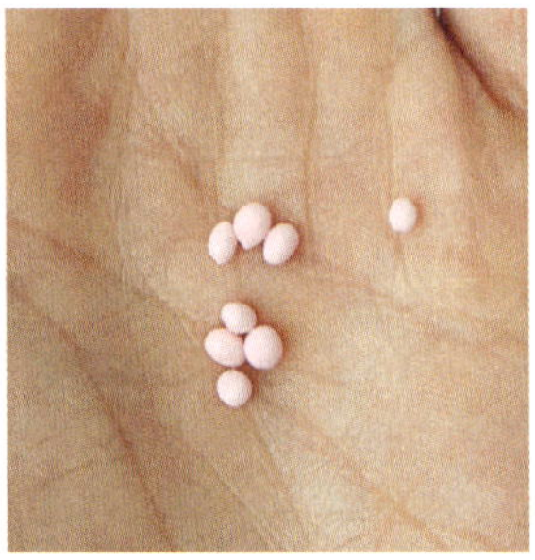

Découpez ensuite dans la pâte à sucre rose 8 mini-boules.

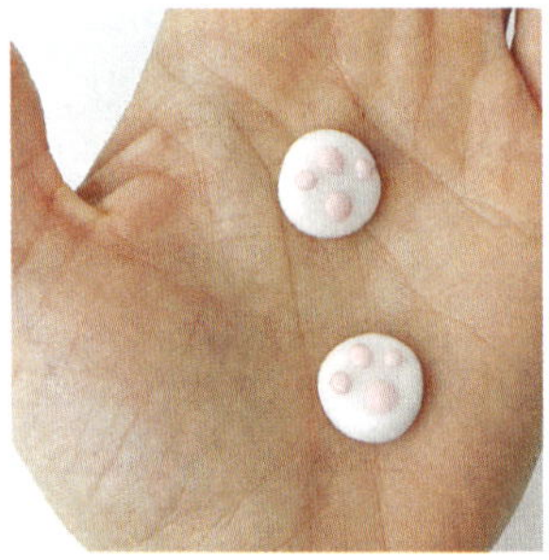

Collez-les sous les pattes de Lapinou. Récupérez le corps, humidifiez le bas au pinceau et déposez-y les pattes de chaque côté.

ÉTAPE 5
LA CAROTTE

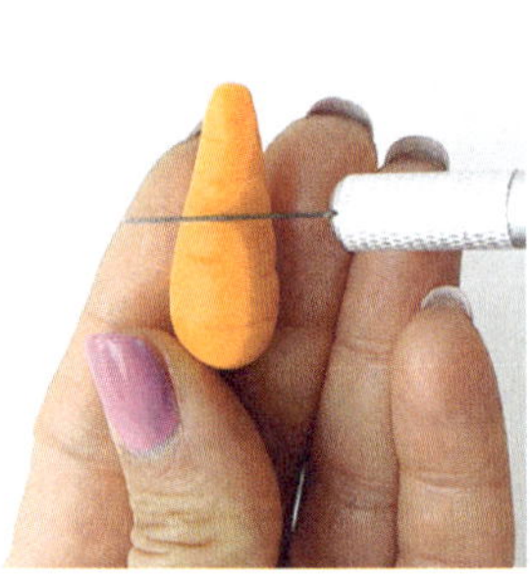

Formez 1 cône avec un petit morceau de pâte à sucre orange. Tracez dessus quelques traits irréguliers au cutter.

Collez 1 toute petite boule verte au bout de la carotte, puis tracez dessus quelques traits dans le sens inverse de ceux sur la carotte, pour figurer les fanes.

ÉTAPE 6
L'ASSEMBLAGE

Récupérez la tête de Lapinou et faites adhérer la carotte dans l'encoche prévue avec un peu d'eau.

Plantez un cure-dent dans le corps, puis piquez la tête dessus.

Pour finaliser le modelage, façonnez 2 petites boules de pâte à sucre blanche pour former les bras à placer sur l'avant du corps, collés autour de la carotte.

BALEINE

Niveau :

Ingrédients

Pour 1 modelage de 5 cm de haut et 9 cm de large environ

- 90 g de pâte à sucre bleue
- 10 g de pâte à sucre blanche
- Un peu de pâte à sucre noire
- Un peu de pâte à sucre rose
- Un peu de pâte à sucre marron

Matériel

- Tapis en silicone
- Rouleau
- Emporte-pièce de 2 cm de diamètre
- Stylet rond
- Pinceau alimentaire

ÉTAPE 1
LE CORPS

Façonnez 1 boule de pâte à sucre bleue de 5 cm de diamètre environ.

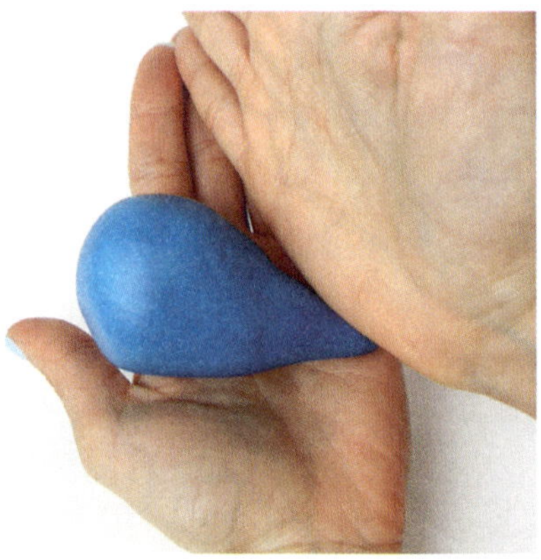

Puis, avec la tranche de la main, formez 1 boudin dans la continuité. Posez le corps à plat et faites rebiquer la queue de la baleine.

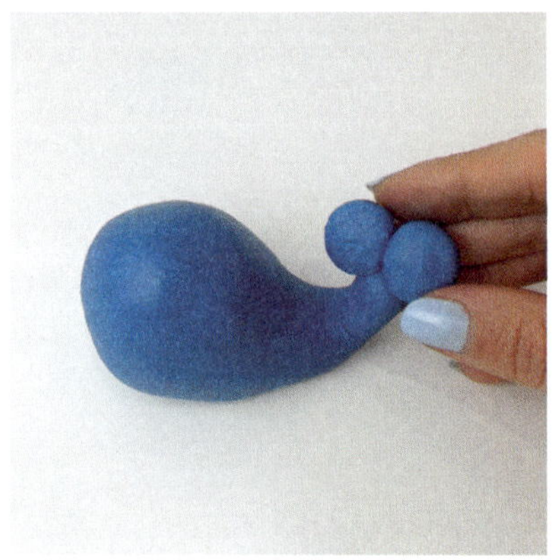

Aplatissez légèrement 2 petites boules de pâte à sucre bleue et faites-les adhérer côte à côte, au bout de la queue, pour réaliser la nageoire.

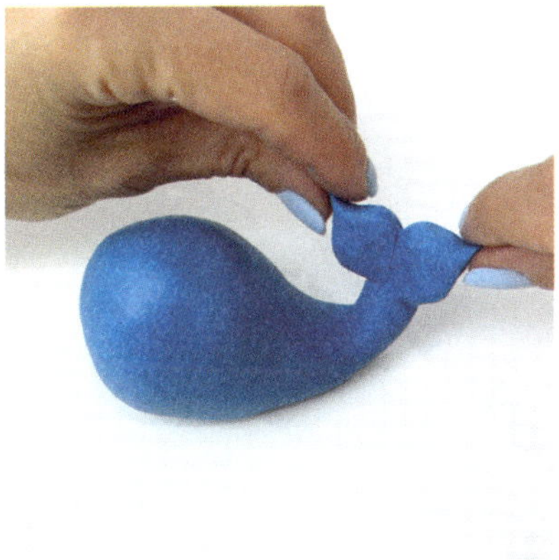

Pincez ensuite les coins supérieurs pour obtenir la forme voulue.

Vous pouvez, si la nageoire s'affaisse, caler un stylet ou un autre support à l'arrière le temps que le modelage durcisse.

Sur le tapis en silicone, étalez la pâte à sucre blanche et découpez à l'aide de l'emporte-pièce 1 petit disque.

ÉTAPE 2
LE VISAGE

Collez celui-ci sous le ventre de la baleine.

Tracez avec le stylet rond l'emplacement des yeux. Réalisez ensuite 2 mini-boules noires et insérez-les dans ces emplacements.

Ajoutez 2 toutes petites boules blanches en diagonale sur chaque œil pour leur donner de la lumière.

Pour la bouche, vous pouvez la tracer au feutre noir alimentaire, ou bien réaliser 1 fin boudin de pâte à sucre noire et le coller en arc de cercle entre les yeux.

Ajoutez 2 petites boules roses aplaties sous les yeux pour les joues.

ÉTAPE 3
LA CORNE

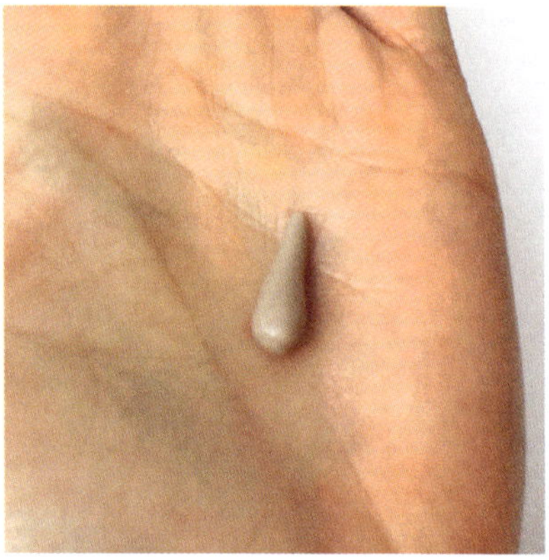

Façonnez 1 petite boule de pâte à sucre marron et roulez-la d'un côté pour en faire un cône.

Faites un trou avec le stylet rond sur le dessus de la tête de la baleine. Déposez un peu d'eau avec un pinceau et insérez-y la corne. (Vous pouvez colorer la corne avec du colorant doré au pinceau.)

ÉTAPE 4
LES NAGEOIRES

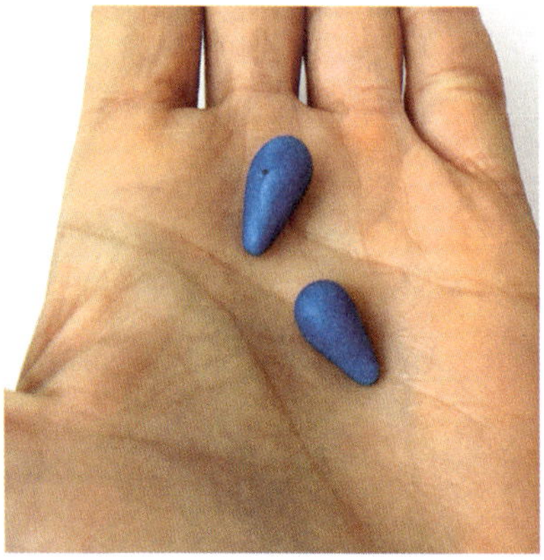

Modelez 2 petites boules de pâte à sucre bleue en cône.

Collez-les ensuite de chaque côté du corps, pointe vers le bas.

N'hésitez pas à changer les couleurs à votre guise... Les baleines roses existent au pays kawaii !

HAMTARO

Niveau :

Ingrédients

Pour 1 modelage de 8 cm de haut et 5 cm de large environ

- 90 g de pâte à sucre beige
- 20 g de pâte à sucre orange
- 20 g de pâte à sucre rose
- Un peu de pâte à sucre blanche
- Un peu de pâte à sucre noire

Matériel

- Tapis en silicone
- Rouleau
- Cutter
- Stylet droit
- Stylet rond

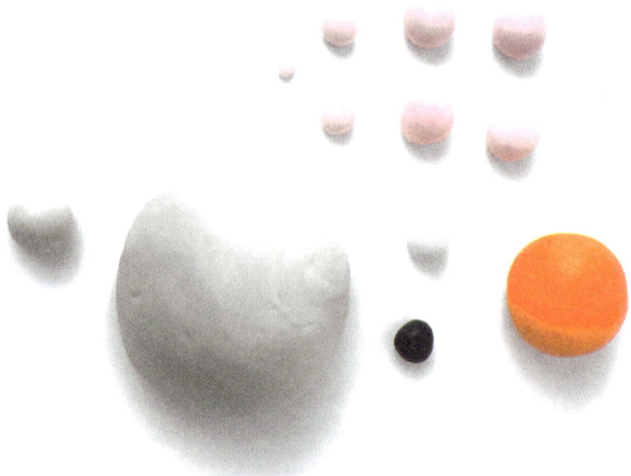

ÉTAPE 1
LE CORPS

Réalisez 1 grosse boule de pâte à sucre beige de 6 cm de diamètre environ et façonnez-la pour lui donner une forme ovale.

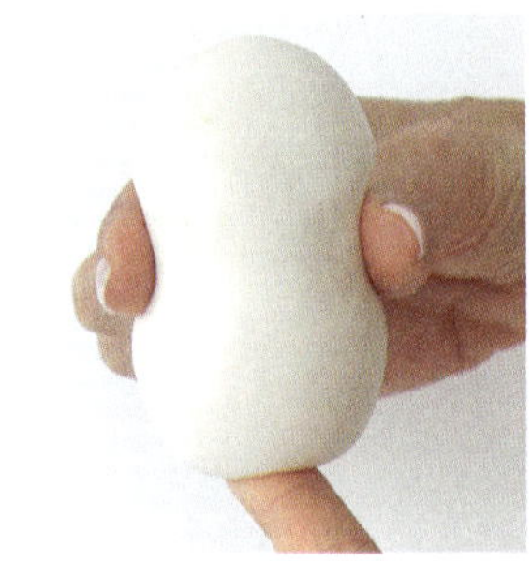

Pincez-la au milieu à l'aide du pouce et de l'index pour former le corps, puis posez-la debout.

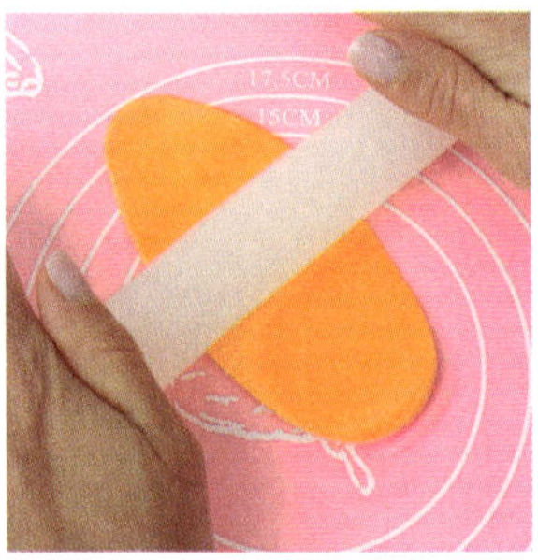

Façonnez 1 boule de pâte à sucre orange de 3 cm de diamètre environ et étalez-la pâte sur le Tapis en silicone à l'aide du rouleau.

Déposez ce morceau de manière symétrique sur un côté du corps, puis sur tout le dos. Coupez l'excédent au cutter.

ÉTAPE 2
LES OREILLES

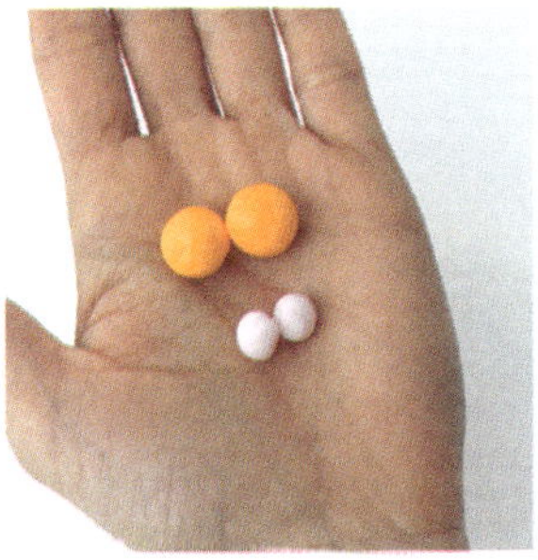

Modelez 2 petites boules de pâte à sucre orange ainsi que 2 plus petites boules de pâte à sucre rose.

Superposez les boules roses sur les orange, légèrement décalées. Aplatissez-les et pincez le côté interne avec le pouce et l'index.

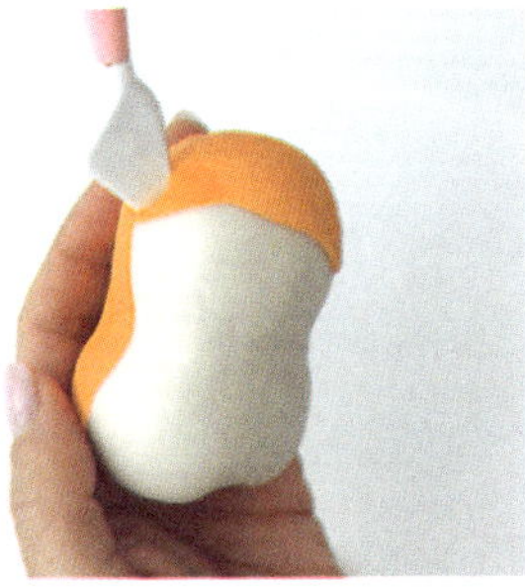

Faites deux encoches avec le stylet droit sur le corps au niveau des oreilles.

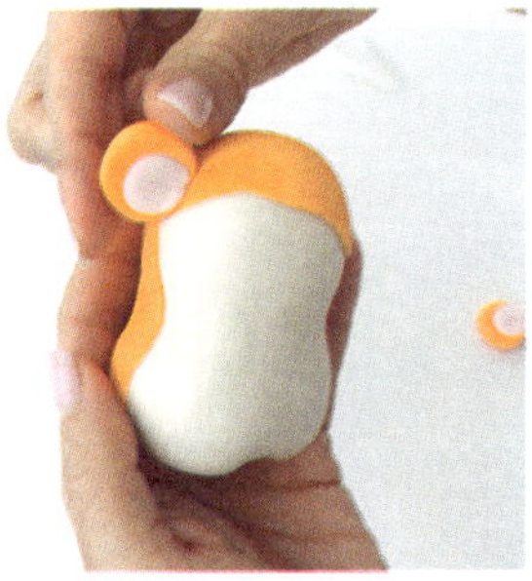

Humidifiez avec un peu d'eau et insérez les oreilles à l'intérieur.

ÉTAPE 3
LES YEUX

Avec le stylet rond, faites deux trous au niveau des yeux.

Modelez 2 boules de pâte à sucre noire et collez-les à cet emplacement.

Réalisez ensuite 2 très petites boules blanches ainsi que 4 plus petites encore. Placez les plus grosses sur les yeux en les aplatissant, pour former la pupille, puis aplatissez un peu les autres dans les coins externes.

Utilisez un peu d'eau si nécessaire pour coller les éléments.

ÉTAPE 4
LE MUSEAU

Déposez 1 petite boule de pâte à sucre beige au milieu sous les yeux, et faites une petite encoche en bas.

Préparez 1 plus petite boule de pâte à sucre rose, et posez-la au-dessus pour le nez.

ÉTAPE 5
LES PATTES

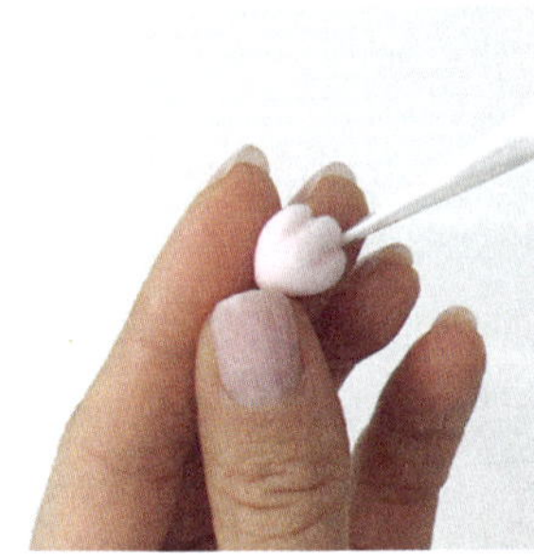

Réalisez 2 petites boules roses pour les pattes de devant, en faisant deux petites encoches pour les doigts.

Collez-les de chaque côté du corps en les centrant.

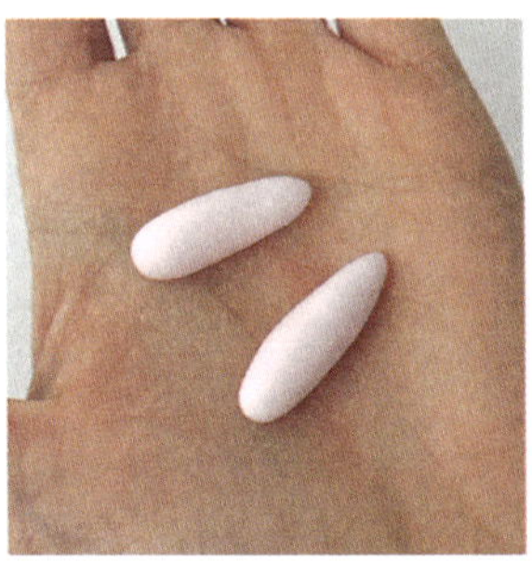

Pour les pattes arrière, réalisez 2 petits boudins de pâte à sucre rose et faites deux encoches sur chaque.

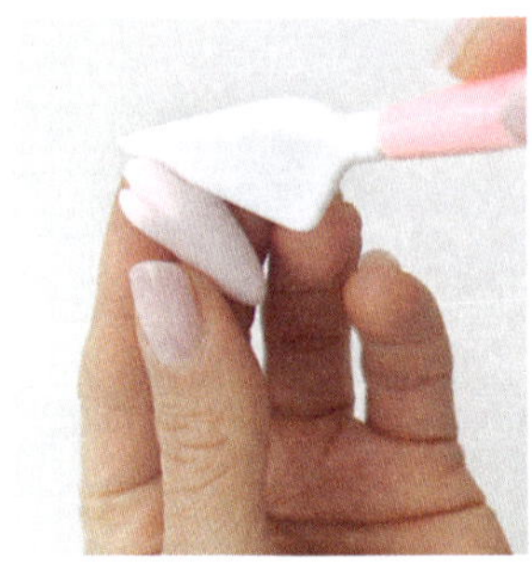

Posez-les côte à côte légèrement espacés et posez le corps dessus.

ÉTAPE 6
LES CHEVEUX ET LA MOUSTACHE

Déposez 3 mini-boules de pâte à sucre orange sur le dessus de la tête pour former les cheveux.

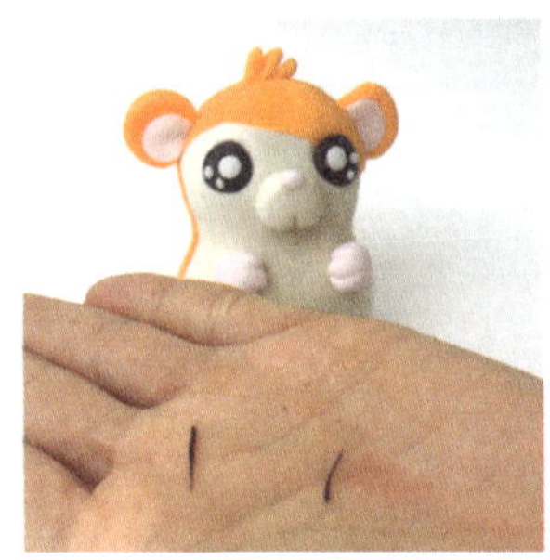

Pour les moustaches, préparez 1 fin boudin de pâte à sucre noire et découpez 4 « cils ». Collez-en 2 de chaque côté du museau.

L'eau aide à coller les éléments, mais il faut en mettre très peu, à l'aide d'un pinceau humide, pour ne pas ramollir la pâte à sucre !

LUNA

Niveau :

Ingrédients

Pour 1 modelage de 8 cm de haut et 4,5 cm de large environ

- 80 g de pâte à sucre noire
- Un peu de pâte à sucre blanche
- Un peu de pâte à sucre rose
- Un peu de pâte à sucre rouge
- Un peu de pâte à sucre jaune

Matériel

- Stylet rond
- Feutre alimentaire (ou pinceau)
- 1 cure-dent

ÉTAPE 1
LE CORPS

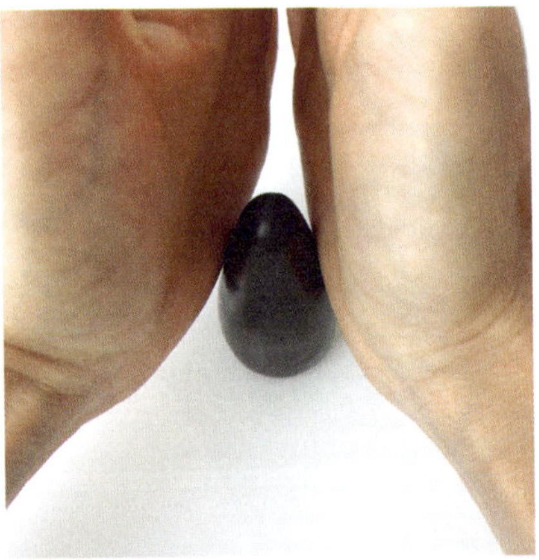

Réalisez 1 boule de pâte à sucre noire de 5 cm de diamètre environ, puis façonnez-la de façon à lui donner une forme de cône arrondi qui tient debout.

ÉTAPE 2
LES PATTES ET LA QUEUE

Formez 2 petites boules de pâte à sucre noire de 1,5 cm de diamètre environ, puis façonnez-les en 2 longs boudins pour réaliser les pattes de devant. Placez-les en hauteur des deux côtés du corps.

Formez 2 autres petites boules de pâte à sucre noire, façonnez-les en 2 cônes et repliez-les un peu pour réaliser les pattes arrière.

Placez-les en bas, à l'arrière, de chaque côté du corps.

Avec la dernière boule de pâte à sucre noire, réalisez un boudin assez long pour la queue du chat et placez-la.

ÉTAPE 3
LA TÊTE

Réalisez 1 boule de pâte à sucre noire de 3 cm de diamètre environ.

Puis, à l'aide du stylet rond, appuyez pour faire 2 encoches pour les yeux.

Façonnez 2 boules égales de pâte à sucre blanche, placez-les dans les 2 encoches en appuyant légèrement.

Faites de même avec la pâte à sucre rouge, avec 2 boules plus petites et placez-les en appuyant au coin de l'œil. Ajoutez dessus, dans le coin, 2 minuscules boules de pâte à sucre blanche.

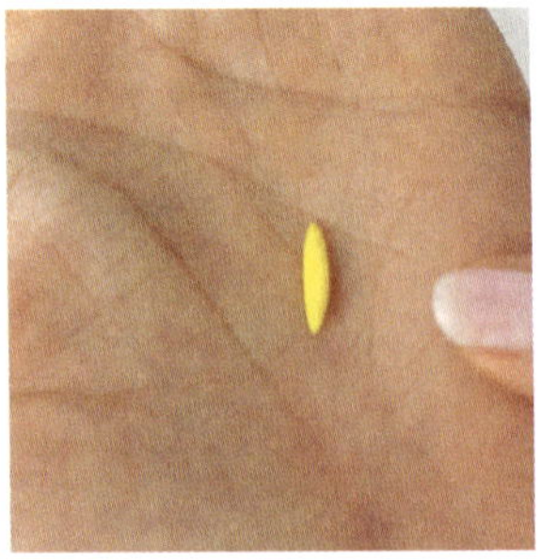

Pour réaliser la lune au-dessus des yeux, travaillez un petit boudin de pâte à sucre jaune.

Placez-le avec votre stylet de façon à former un croissant.

Pour le nez, découpez un très petit morceau de pâte à sucre rose et posez-le au milieu de la tête de Luna.

Pour les oreilles, façonnez en triangle 2 mini-boules noires et 2 plus petites roses et superposez-les.

Collez-les autour de la tête, à l'aide d'un peu d'eau si nécessaire.

À l'aide d'un feutre alimentaire, tracez le contour des yeux.

ÉTAPE 4
LES FINITIONS

Placez un cure-dent dans le corps de Luna et plantez délicatement sa tête dessus.

Si vous devez poser vos modelages sur un gâteau, préparez-les la veille pour qu'ils aient le temps de durcir un peu à l'air libre. Attention, le réfrigérateur peut ramollir les modelages. Conservez-les dans une boîte hermétique ou dans un placard au sec.

LICORNE GOURMANDE

Niveau : 

Ingrédients

Pour 1 modelage de 8 cm de haut et 6 cm de large environ

- 40 g de pâte à sucre blanche
- 40 g de pâte à sucre marron
- 15 g de pâte à sucre rose
- 15 g de pâte à sucre bleue
- 15 g de pâte à sucre violette
- 15 g de pâte à sucre jaune
- Un peu de pâte à sucre noire

Matériel

- Stylet arc de cercle
- Cure-dent
- Stylet rond
- Cutter
- Tapis en silicone
- Rouleau

ÉTAPE 1
LA TÊTE

Façonnez 1 boule de pâte à sucre blanche de 4 cm de diamètre environ et modelez-la bien ronde.

Appuyez ensuite légèrement avec la tranche de votre main au niveau du front de la licorne.

Avec le stylet arc de cercle, appuyez de chaque côté au milieu de la tête, pour réaliser la trace des yeux.

À l'aide d'un cure-dent, marquez ensuite la trace des narines, juste en dessous des yeux.

Façonnez de très fins boudins de pâte à sucre noire pour marquer ces traits. Ou bien tracez-les au feutre alimentaire.

Façonnez 2 mini-boules de pâte à sucre rose pour les joues et fixez-les sous les yeux.

N'hésitez pas à mettre un peu d'eau à l'aide d'un pinceau pour coller les éléments.

ÉTAPE 2

LA CRINIÈRE

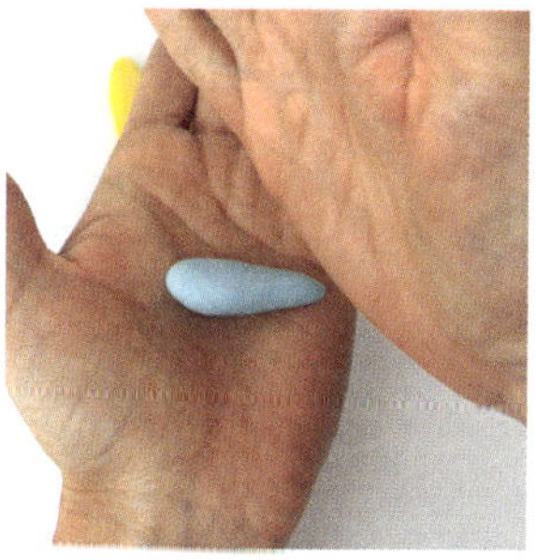

Réalisez 2 boudins pointus de chaque couleur pour la crinière, ici jaune, bleu et violet.

Collez-les ensuite un par un tout autour de la tête : 3 pour la frange et 3 pour la crinière.

N'oubliez pas de faire quelques vagues au bout pour un rendu plus joli.

ÉTAPE 3

LA CORNE

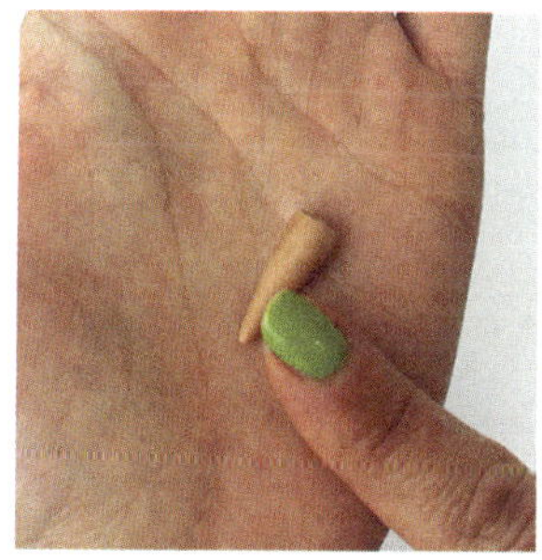

Modelez un petit morceau de pâte à sucre marron en forme de cône pour la corne.

Au stylet rond, faites un trou au niveau de la frange de la licorne.

Humidifiez avec de l'eau et insérez-y la corne. Dessinez les stries au stylet dessus.

ÉTAPE 4
LES OREILLES

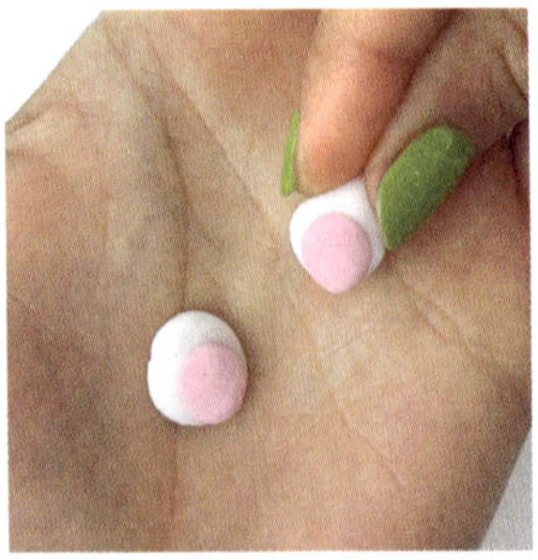

Modelez 2 petites boules blanches ainsi que 2 plus petites roses et superposez-les en quinconce. Aplatissez-les délicatement et, avec le pouce et l'index, donnez-leur une forme triangulaire.

Faites une encoche à l'aide du cutter de chaque côté de la frange, puis insérez-y les oreilles.

ÉTAPE 5
LES PATTES

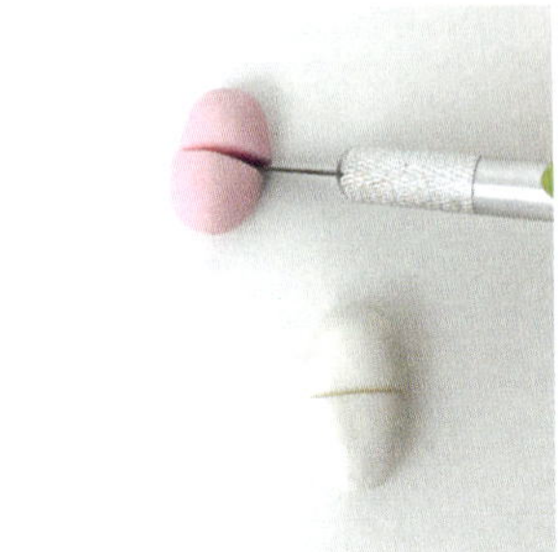

Réalisez 2 petites boules ovales, une en pâte à sucre blanche et une en pâte à sucre rose, puis coupez les deux au centre.

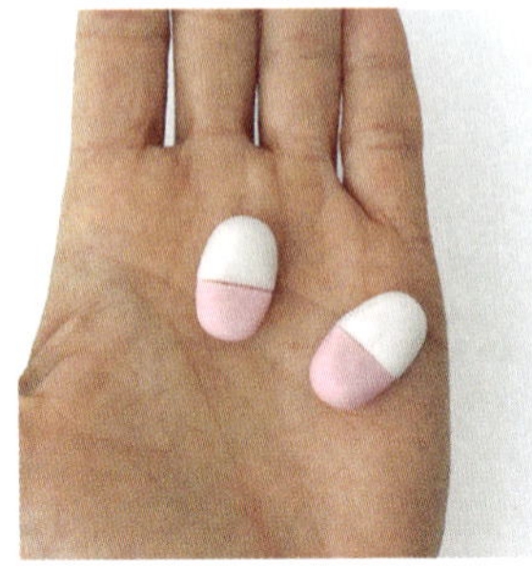

Humidifiez avec un peu d'eau chaque côté tranché, et inversez le rose avec le blanc pour obtenir de jolies pattes bicolores.

ÉTAPE 6
LE DONUT ET LES FINITIONS

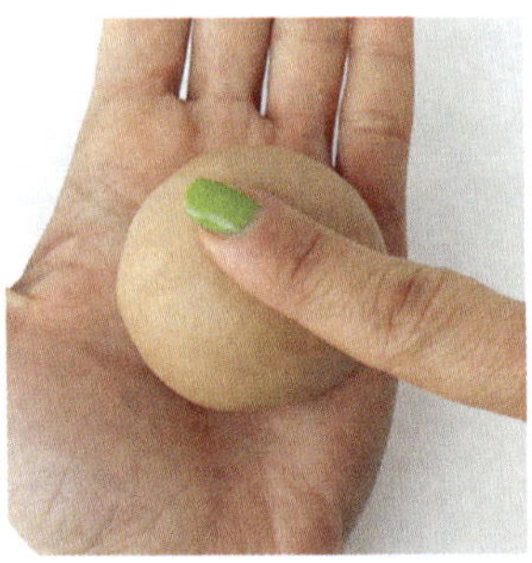

Façonnez 1 grosse boule de pâte à sucre marron, puis aplatissez-la légèrement.

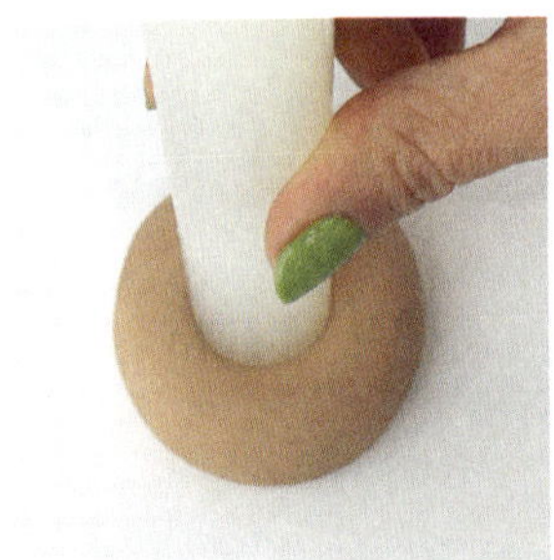

Avec le bout du rouleau, faites un trou au centre.

Étalez un morceau de pâte à sucre rose et, avec le cutter, créez une forme de tache.

Placez-la au milieu du donut.

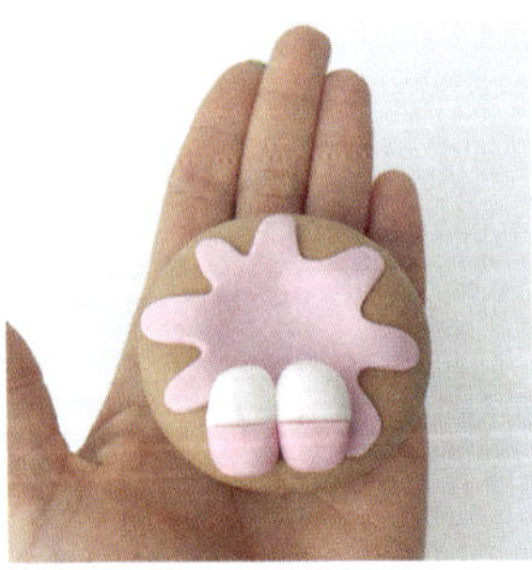

Placez les 2 pattes côte à côte sur le donut et posez enfin la tête de la licorne dans le trou du donut.

Vous pouvez colorer la corne en doré et ajouter des vermicelles en sucre sur le glaçage du donut.

TOTORO

Niveau :

Ingrédients

Pour 1 modelage de 8 cm de haut et 4 cm de large environ

- 100 g de pâte à sucre grise
- 20 g de pâte à sucre beige
- Un peu de pâte à sucre noire
- Un peu de pâte à sucre blanche

Matériel

- Stylet rond
- Stylet droit
- Tapis en silicone
- Rouleau
- Cutter

ÉTAPE 1
LE CORPS

Réalisez 1 grosse boule de pâte à sucre grise de 6 cm de diamètre environ et façonnez-la pour lui donner une forme ovale.

Pincez-la au tiers à l'aide du pouce et de l'index pour former le corps.

Avec l'auriculaire, aplatissez délicatement la partie haute pour former le front.

ÉTAPE 2
LE VISAGE

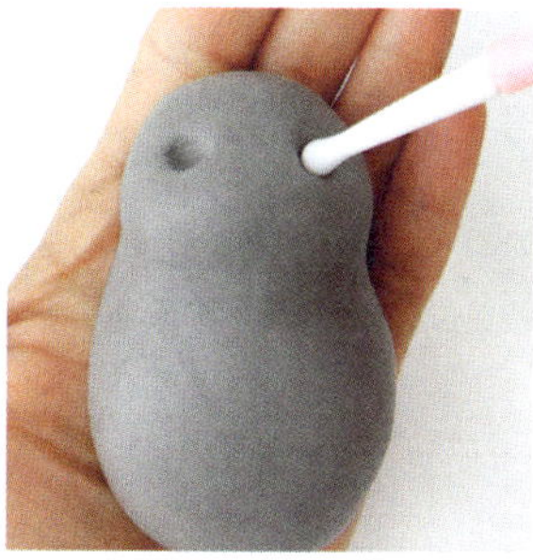

Préparez l'emplacement des yeux à l'aide du stylet rond.

Modelez 2 petites boules de pâte à sucre blanche et placez-les dans les trous.

Préparez 2 minuscules boules de pâte à sucre noire et collez-les sur les yeux, légèrement vers l'intérieur.

Réalisez le nez grâce à une petite boule de pâte à sucre noire que vous collerez au milieu des yeux.

Avec le stylet droit, réalisez deux petits traits au-dessus du nez, puis un autre pour la bouche.

N'oubliez pas d'utiliser un peu d'eau pour coller les éléments en pâte à sucre.

ÉTAPE 3
LE VENTRE

Formez une boule de pâte à sucre beige de 2 cm de diamètre environ et étalez-la sur le tapis en silicone. Découpez-y une forme ovale avec le cutter ou à l'aide d'un emporte-pièce.

Puis collez-la sur le ventre de Totoro.

Réalisez 7 fins boudins en pâte à sucre grise puis collez-les en chevrons sur le ventre : 3 en haut puis 4 en dessous.

ÉTAPE 4
LES OREILLES

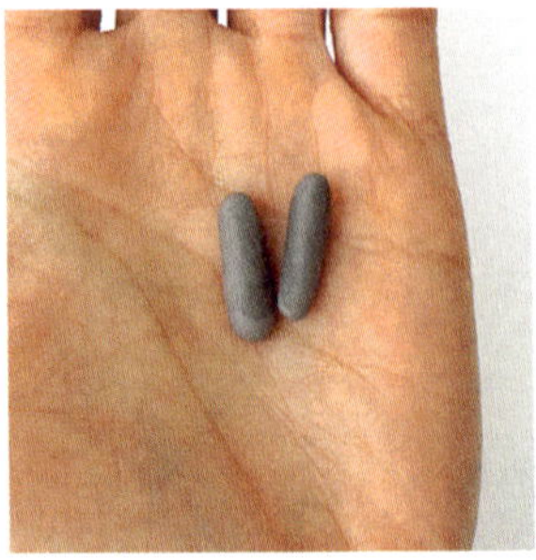

Façonnez 2 petites boules ovales de pâte à sucre grise.

Faites deux encoches de chaque côté en haut de la tête et, avec un peu d'eau, insérez-y les oreilles.

Collez-les à la place des pattes.

ÉTAPE 5
LA QUEUE ET LES PATTES

Formez une boule grise de 2 cm de diamètre environ et donnez-lui une forme ovale. Placez-la à l'arrière du corps. La queue permettra à Totoro de tenir debout.

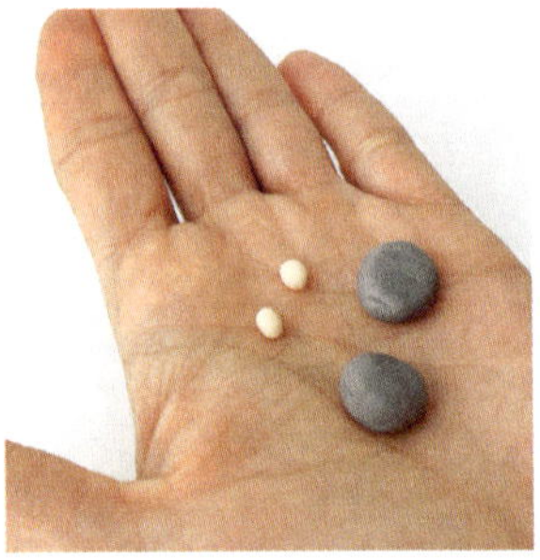

Réalisez 2 petites boules de pâte à sucre grise, ainsi que 2 plus petites boules beiges que vous collerez à l'intérieur des premières.

ÉTAPE 6
LES MOUSTACHES ET LES GRIFFES

Réalisez 1 fin boudin de pâte à sucre noire et découpez-le en 12 petits morceaux : 3 griffes pour chaque pied, 3 moustaches de chaque côté du museau.

Collez-les à l'aide d'un peu d'eau ; si les éléments ne gardent pas leur forme, vous pouvez les laisser sécher quelques minutes avant de les poser.

HONEY

Niveau :

Ingrédients

Pour 1 modelage de 8 cm de haut et 4 cm de large environ

- 40 g de pâte à sucre blanche
- 50 g de pâte à sucre marron
- 20 g de pâte à sucre jaune
- Un peu de pâte à sucre noire
- Un peu de pâte à sucre beige
- Un peu de pâte à sucre rose

Matériel

- Palette
- Rouleau
- Tapis en silicone
- Cutter
- Stylet rond
- Stylet arc de cercle
- Stylet droit
- 1 cure-dent

ÉTAPE 1
LE POT

Façonnez 1 boule bien ronde de 4 cm de diamètre environ avec la pâte à sucre blanche.

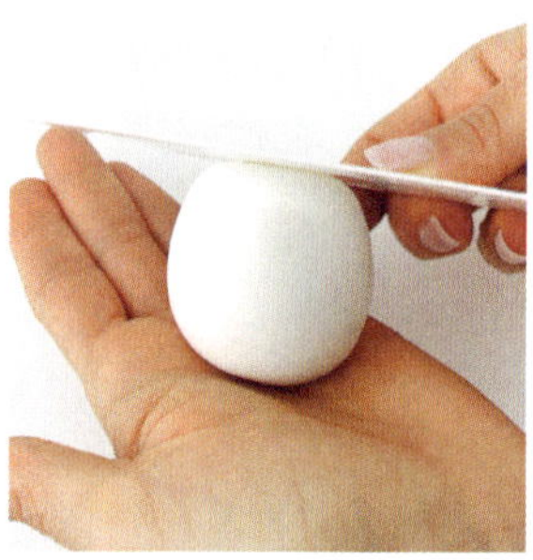

Aplatissez-la d'un côté avec la palette.

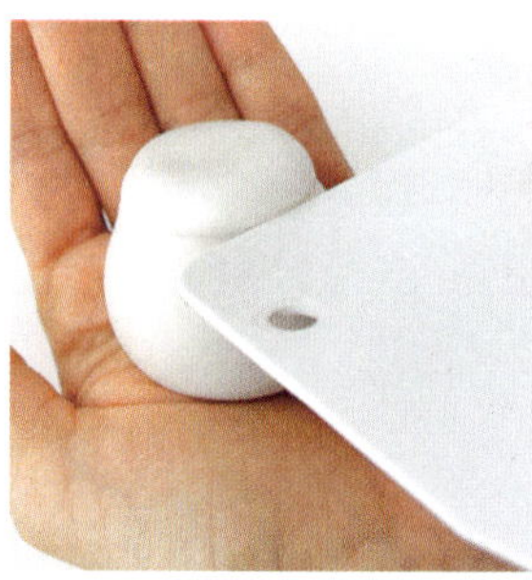

Tracez un rebord, toujours avec votre palette.

Avec le bout du rouleau, faites un trou au-dessus du pot.

ÉTAPE 2
LA TÊTE

Sur le tapis en silicone, étalez la pâte à sucre jaune, puis découpez au cutter une forme de tache ronde.

Collez la tache sur le dessus du pot en guise de miel dégoulinant.

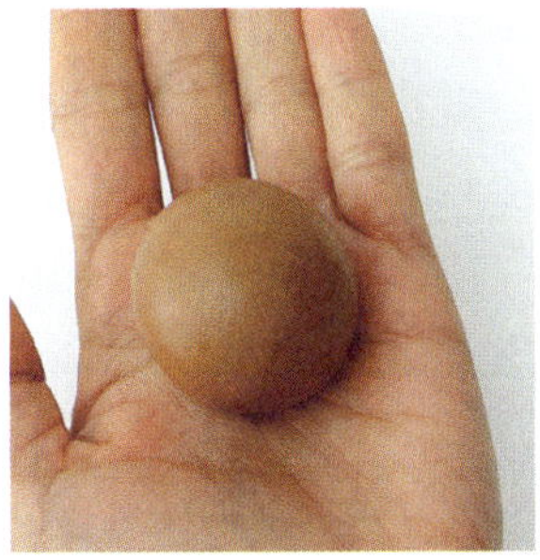

Modelez 1 boule de pâte à sucre marron de 4 cm de diamètre environ pour la tête.

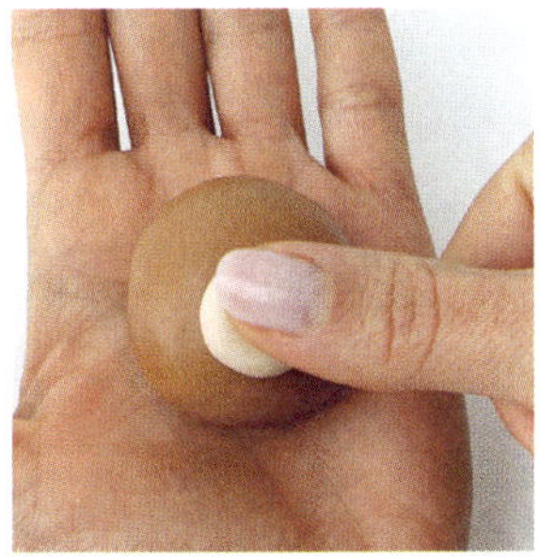

Ajoutez au centre 1 petite boule de pâte à sucre beige pour le museau.

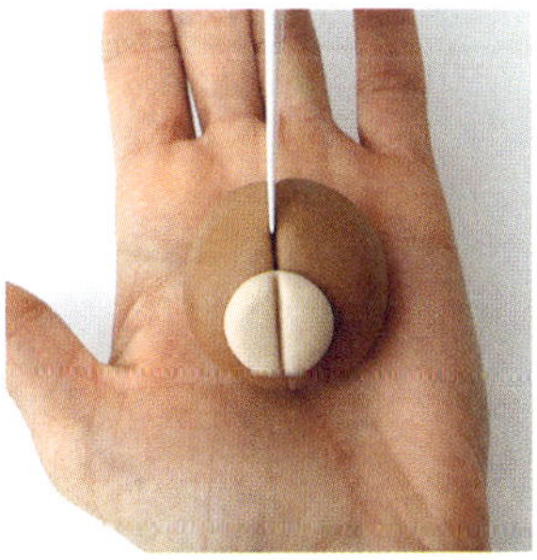

Tracez un trait au milieu de la tête avec la palette.

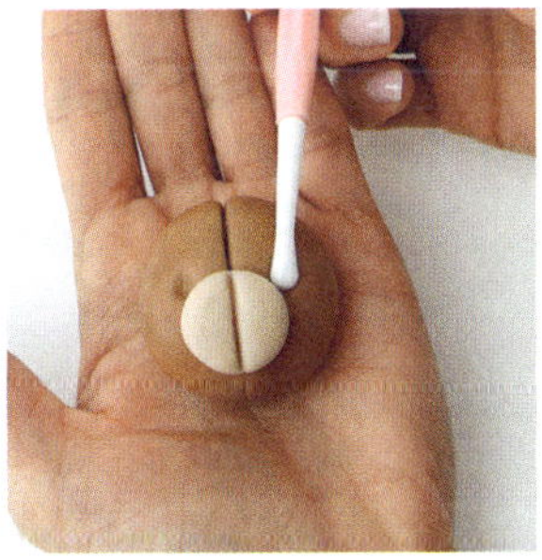

Au stylet rond, marquez deux trous pour les yeux au-dessus du museau.

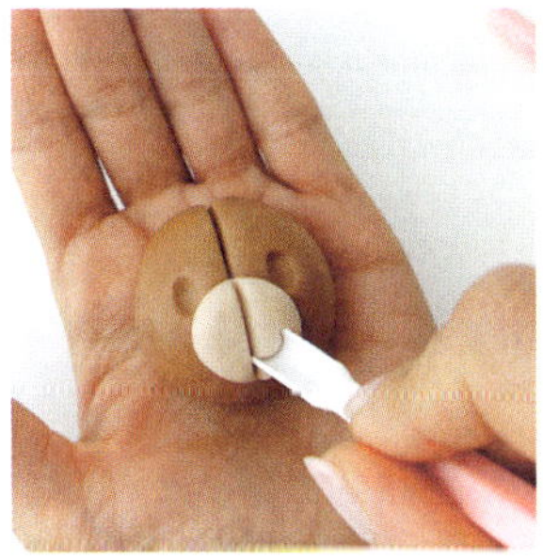

Puis, au stylet arc de cercle, dessinez la bouche.

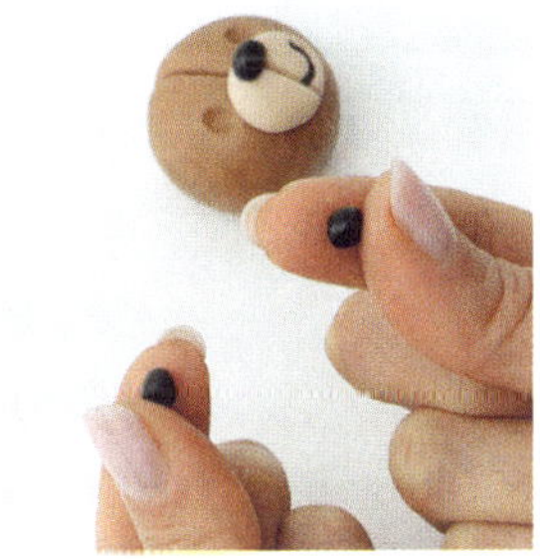

Déposez ensuite 2 petites boules de pâte à sucre noire dans les trous pour les yeux, une autre pour le nez.

Réalisez 1 fin boudin de pâte à sucre noire et coupez-le en 3 morceaux. Collez-les à l'emplacement de la bouche et des sourcils.

Vous pouvez ajouter une petite pointe blanche de pâte à sucre pour donner de la lumière aux yeux.

ÉTAPE 3
LES OREILLES

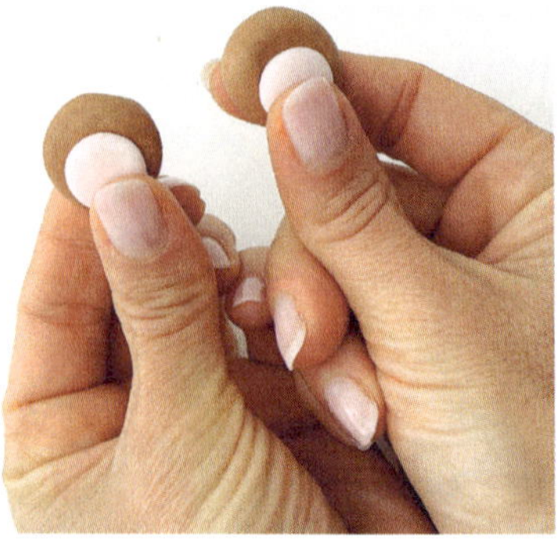

Aplatissez 2 petites boules de pâte à sucre marron de 1 cm diamètre environ, puis modelez 2 plus petites boules beiges que vous déposerez à l'intérieur des premières.

Faites deux encoches au niveau des oreilles sur la tête de Honey et collez les oreilles avec un peu d'eau.

ÉTAPE 4
LES PATTES

Façonnez 2 petites boules de pâte à sucre marron de 1 cm de diamètre environ et déposez-les au bord du pot, sur le miel.

Réalisez avec le stylet droit 2 petites encoches sur chaque patte.

ÉTAPE 5
LES FINITIONS

Plantez un cure-dent dans le pot, puis piquez la tête dessus.

Vous pouvez, avec un feutre alimentaire, noter « honey » ou « miel » sur le pot.

Honey

HAPPY FAIRY TAIL

Niveau :

Ingrédients

Pour 1 modelage de 6 cm de haut et 8 cm de large environ

- 90 g de pâte à sucre bleue
- 20 g de pâte à sucre blanche
- Un peu de pâte à sucre noire
- Un peu de pâte à sucre rose

Matériel

- Stylet arc de cercle
- Stylet droit
- Tapis en silicone
- Rouleau
- Gabarit d'ailes (voir modèle p. 174)
- Cutter

ÉTAPE 1
LA TÊTE

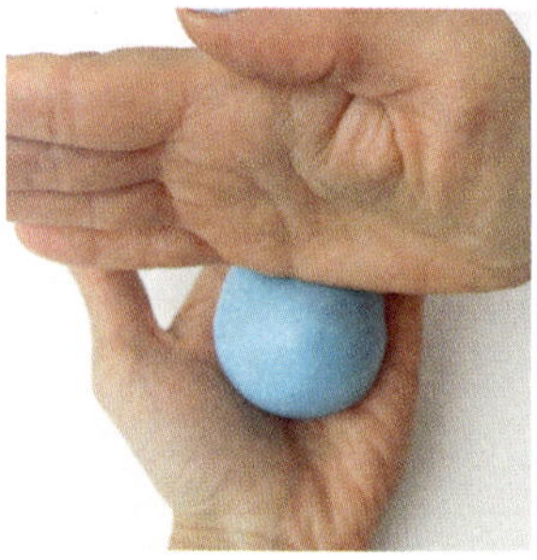

Modelez 1 boule de pâte à sucre bleue de 5 cm de diamètre environ, puis aplatissez la partie haute avec la tranche de la main pour former le front.

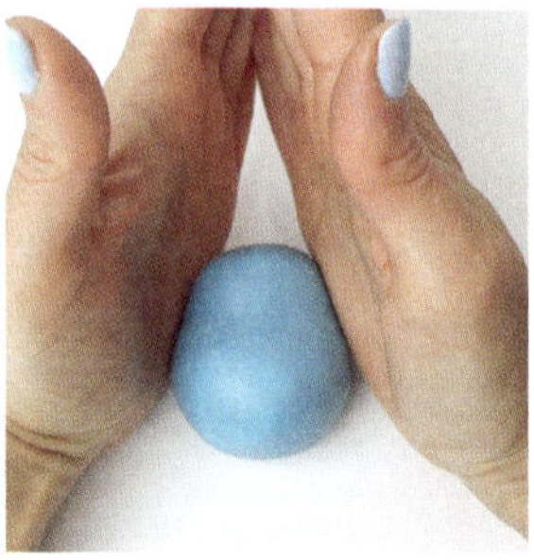

Avec vos deux paumes, rétrécissez le haut.

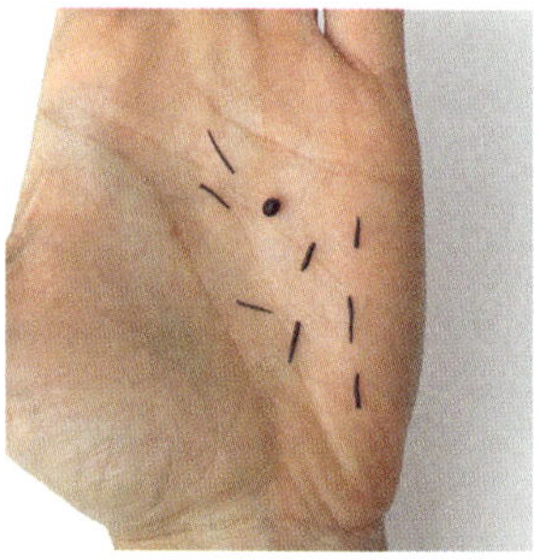

Réalisez une toute petite boule de pâte à sucre noire pour le nez et collez-la au milieu de la tête. Réalisez ensuite plusieurs boudins noirs très fins pour les yeux, les sourcils et les moustaches.

Disposez-les délicatement sur la tête.

Tracez les babines à l'aide du stylet arc de cercle avant d'y insérer de fins boudins noirs.

Enfin, ajoutez 2 mini-boules de pâte à sucre rose sous les yeux pour les joues.

ÉTAPE 2
LES OREILLES

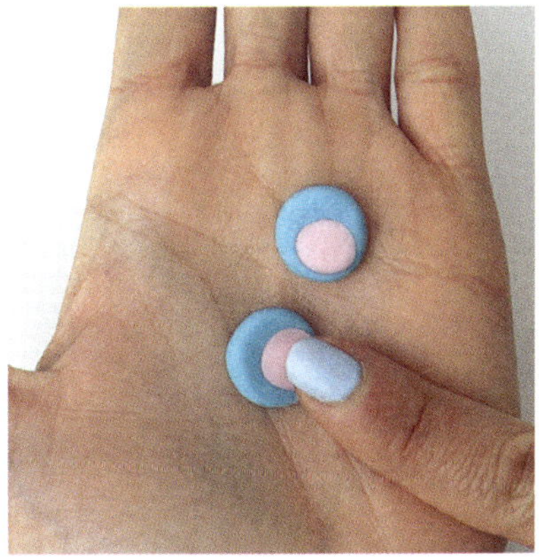

Modelez 2 petites boules bleues de 1 cm de diamètre environ, ainsi que 2 plus petites roses, et superposez-les en quinconce.

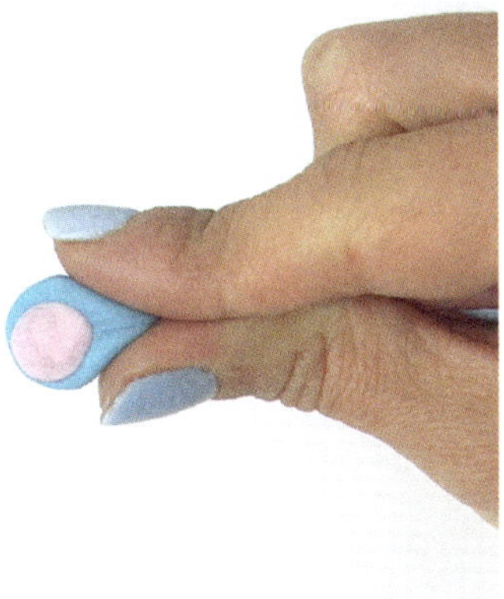

Aplatissez-les délicatement et, avec le pouce et l'index, donnez-leur une forme triangulaire.

Faites une encoche à l'aide du cutter de chaque côté de la tête, ajoutez une goutte d'eau, puis insérez-y les oreilles.

ÉTAPE3
LE CORPS ET LES PATTES

Réalisez 1 plus petite boule de pâte à sucre bleue de 4 cm de diamètre environ.

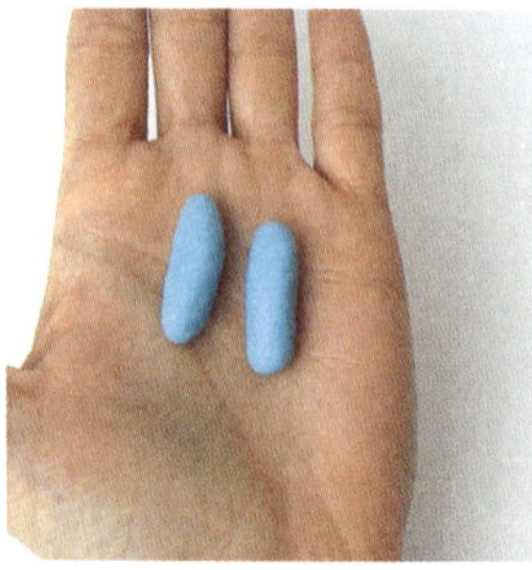

Façonnez 2 boudins de pâte à sucre bleue de 2,5 cm de long environ pour les pattes de devant.

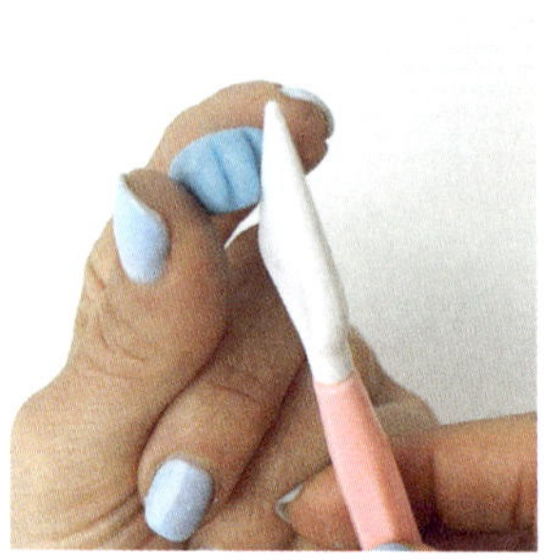

Faites de petites encoches au bout pour les doigts.

Collez les deux pattes côte à côte, déposez la tête dessus, puis le corps juste derrière.

ÉTAPE 4
LA QUEUE

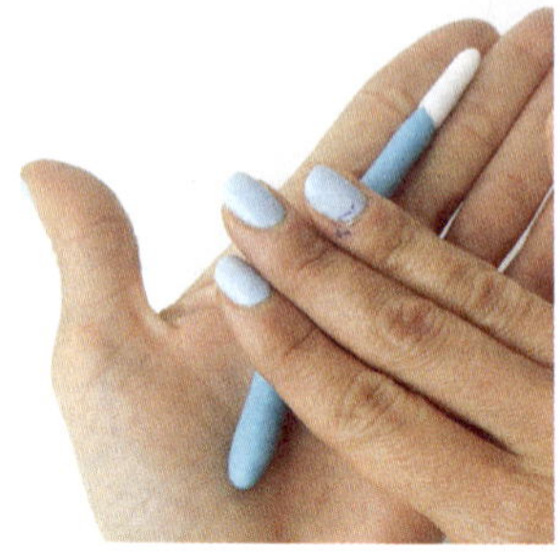

Faites un long boudin de pâte à sucre bleue, puis ajoutez-y au bout un morceau de pâte à sucre blanche.

Collez le bout de la queue avec un peu d'eau, puis enroulez-la autour de Happy.

ÉTAPE 5
LES AILES

Sur le tapis en silicone, étalez un morceau de pâte à sucre blanche assez épais. À l'aide du cutter, découpez 2 ailes de même taille.

Sur chaque aile, tracez avec le stylet arc de cercle des dentelles au bord, et avec le stylet droit un trait en haut.

Laissez-les sécher, puis placez-les sur le dos de Happy.

Vous pouvez faire un gabarit en papier pour les ailes ou utiliser un emporte-pièce.

NARUTO KYÛBI

Niveau :

Ingrédients

Pour 1 modelage de 8 cm de haut et 6 cm de large environ

- ★ 90 g de pâte à sucre orange
- ★ 10 g de pâte à sucre noire
- ★ Un peu de pâte à sucre blanche
- ★ Un peu de pâte à sucre rouge

Matériel

- ★ Cutter
- ★ Stylet droit
- ★ Tapis en silicone
- ★ Rouleau
- ★ Gabarit d'œil (voir modèle p. 174)
- ★ Cutter
- ★ 1 cure-dent

ÉTAPE 1

LE CORPS ET LES PATTES

Réalisez 1 gros boudin de pâte à sucre orange de 5 cm de long environ et façonnez-le légèrement en forme de cône.

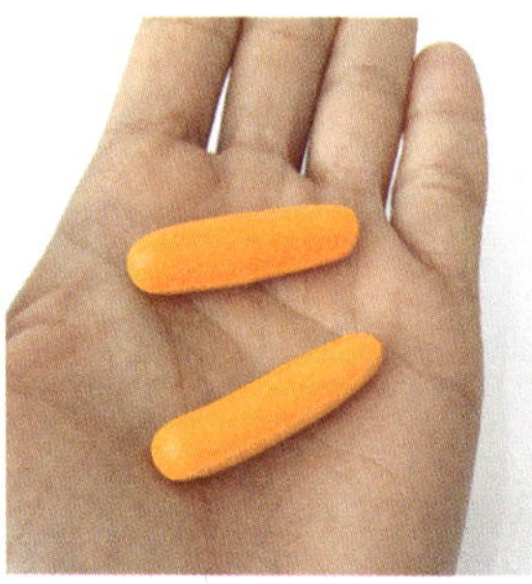

Façonnez 2 petits boudins de pâte à sucre orange de 3 cm de long environ pour les pattes.

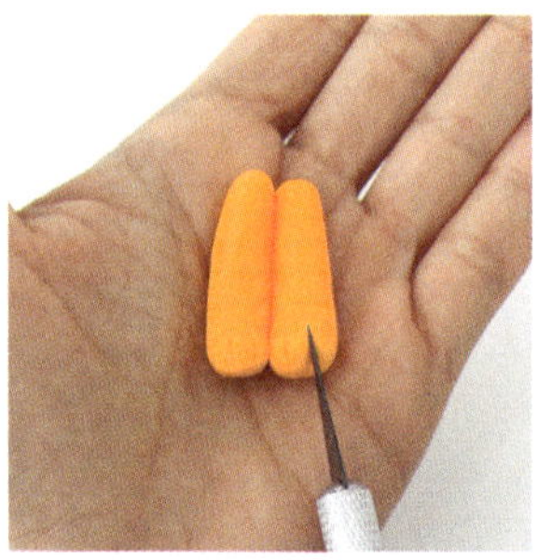

Faites rebiquer le bas des boudins de pâte à sucre orange et collez-les côte à côte, puis, avec le stylet droit ou le cutter, réalisez 2 traits sur chaque patte.

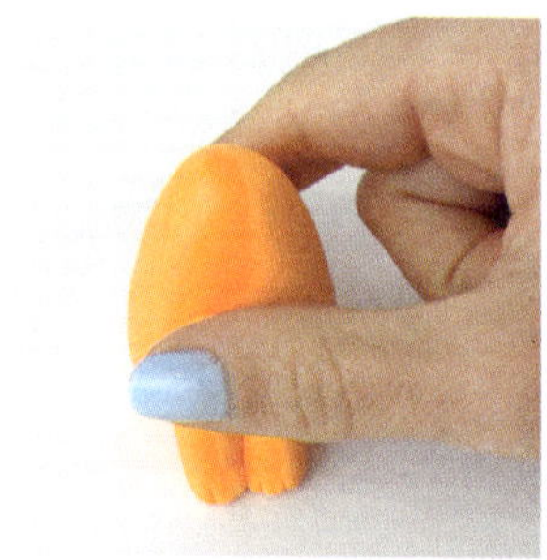

Collez ensuite les pattes sur le devant du corps.

ÉTAPE 2
LA TÊTE

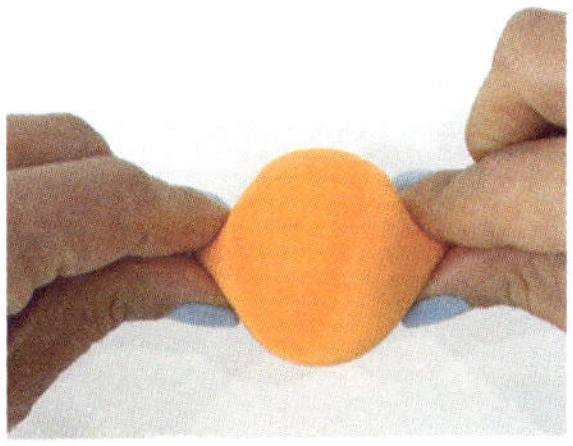

Façonnez 1 boule de pâte à sucre orange de 3 cm de diamètre environ et pincez les côtés entre le pouce et l'index.

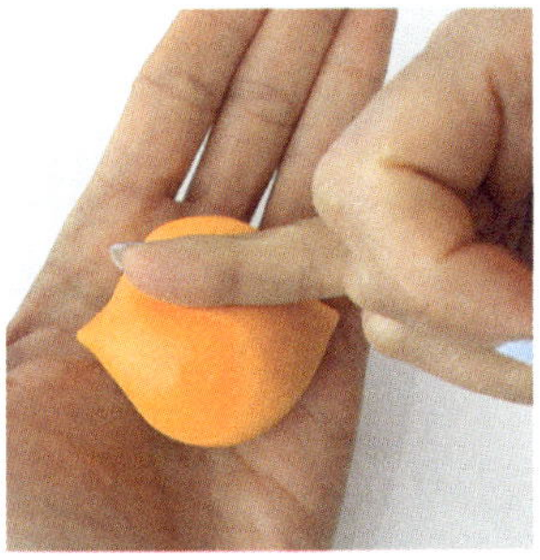

Appuyez ensuite au niveau du front délicatement avec votre index en faisant des petits va-et-vient.

ÉTAPE 3
LES OREILLES

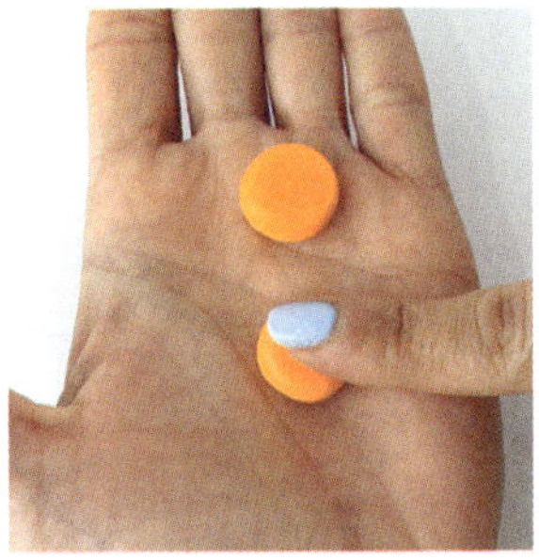

Façonnez 2 petites boules orange de 1 cm de diamètre environ et aplatissez-les dans la paume de votre main.

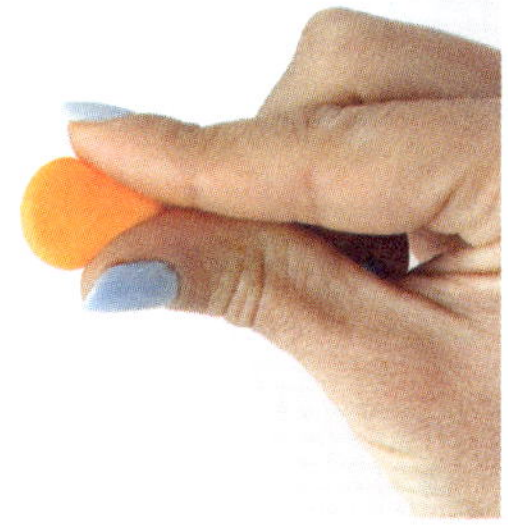

Pincez-les entre le pouce et l'index pour obtenir une forme triangulaire.

Humidifiez le bas des oreilles et collez-les autour de la tête de Naruto Kyûbi.

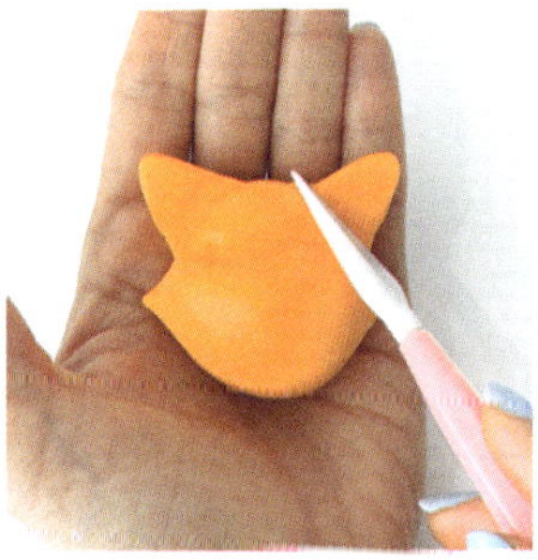

Pour un rendu plus joli, vous pouvez aplatir les démarcations des oreilles avec le stylet droit à plat.

ÉTAPE4
LES YEUX ET LE MUSEAU

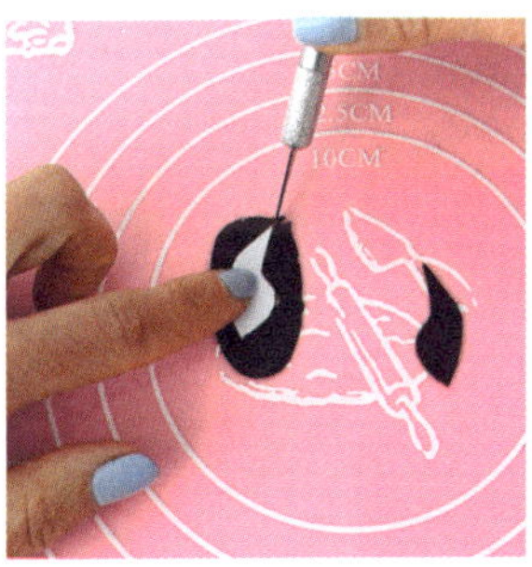

Sur le tapis en silicone, étalez la pâte à sucre noire, puis découpez 2 formes égales, ressemblant à des gouttes.

Vous pouvez réaliser un gabarit en papier ou utiliser un emporte-pièce.

Pensez à en retourner une pour un effet miroir. Déposez ensuite ces formes au niveau des yeux, en les faisant remonter jusqu'aux oreilles.

Sur le bas des yeux, faites deux petits trous avec le stylet rond.

Réalisez 2 mini-boules de pâte à sucre blanche et placez-les dans ces trous.

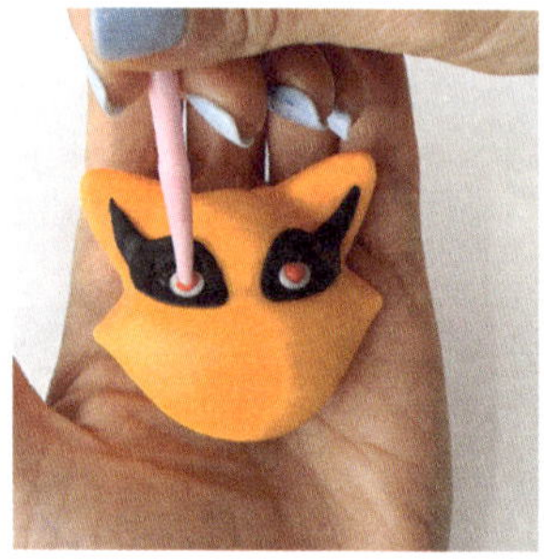

Façonnez 2 mini-boules de pâte à sucre rouge encore plus petites et déposez-les à l'intérieur des blanches, si besoin avec une pointe d'eau.

ÉTAPE5
LES FINITIONS

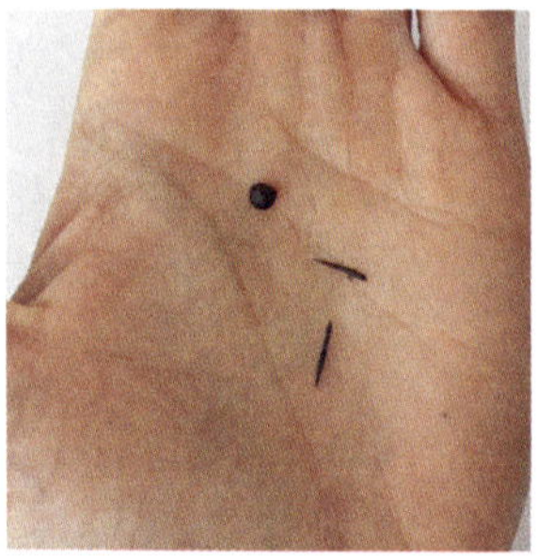

Préparez 1 petite boule de pâte à sucre noire pour le nez, ainsi que 2 fins boudins noirs pour les babines.

Posez-les sur la tête à l'aide d'un peu d'eau, avec un cutter ou délicatement avec vos doigts.

Avec votre cutter, tracez 3 traits en dessous de chaque œil.

Plantez un cure-dent dans le corps et piquez-y la tête.

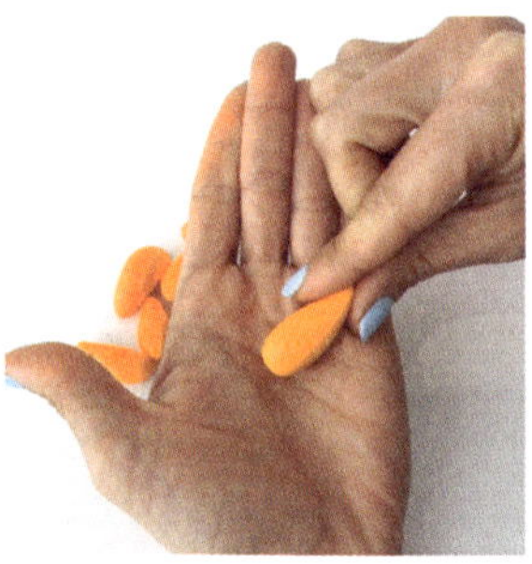

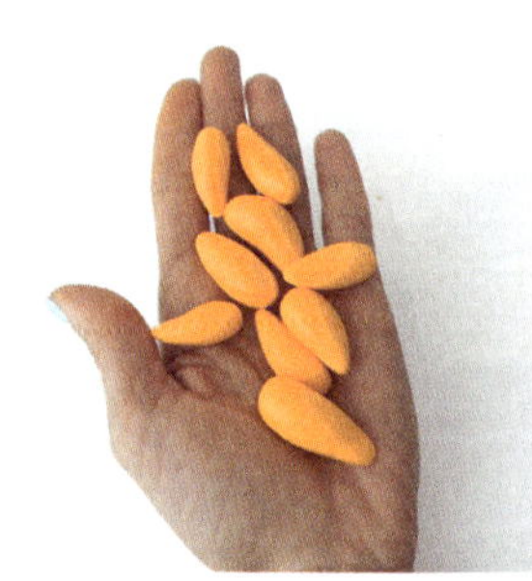

Il vous reste maintenant à réaliser 9 cônes orange pour les 9 queues de Naruto Kyûbi !

CHAT CAPUCHE

Niveau :

Ingrédients

Pour 1 modelage de 8 cm de haut et 5 cm de large environ

- 60 g de pâte à sucre rose
- 20 g de pâte à sucre beige
- Un peu de pâte à sucre marron
- Un peu de pâte à sucre noire
- Un peu de pâte à sucre blanche

Matériel

- Rouleau
- Stylet rond
- Cutter
- Pinceau alimentaire
- 1 cure-dent

ÉTAPE 1

LA TÊTE ET LES OREILLES

Façonnez 1 boule de pâte à sucre rose de 4 cm de diamètre environ.

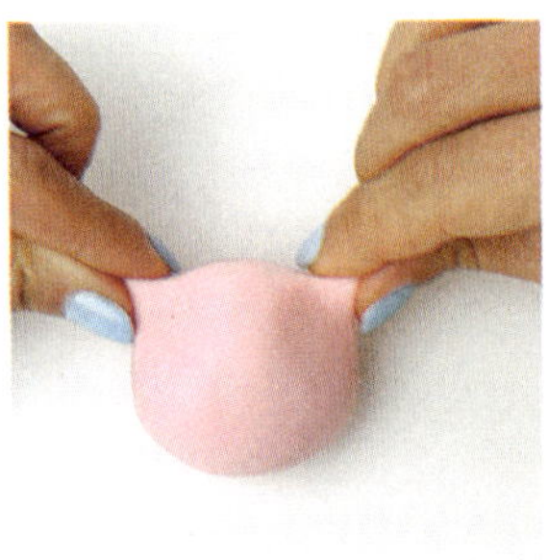

Pincez de chaque côté vers le haut, pour démarquer les oreilles. Aplatissez-les délicatement entre le pouce et l'index.

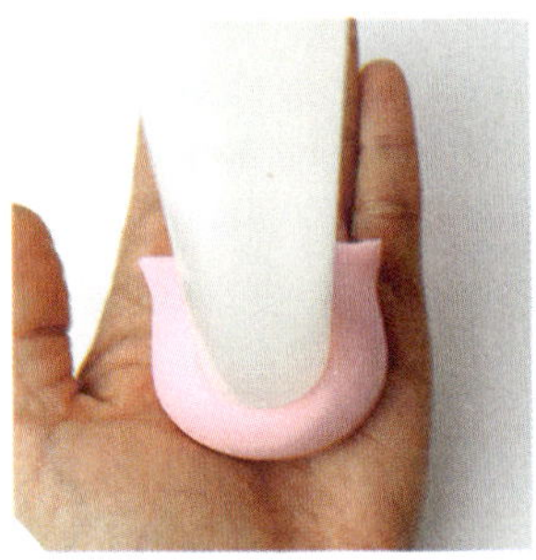

Avec le bout du rouleau en silicone, faites un trou au milieu de la boule.

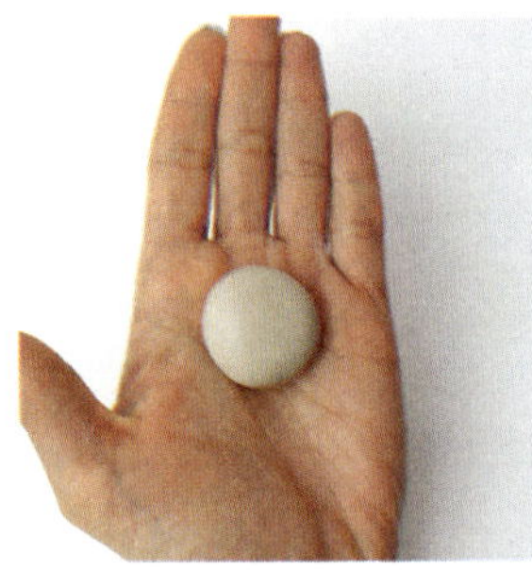

Modelez 1 boule de pâte à sucre beige de 2 cm de diamètre environ.

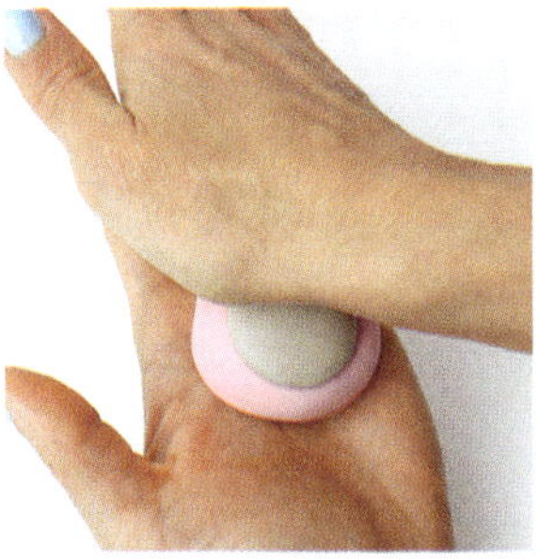

Déposez-la dans ce trou en l'aplatissant avec la paume de votre main.

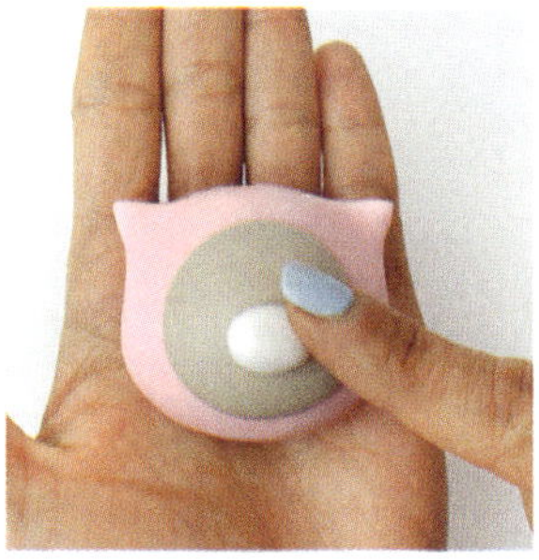

Réalisez 1 petite boule de pâte à sucre blanche et placez-la au milieu du museau.

ÉTAPE 2

LES YEUX

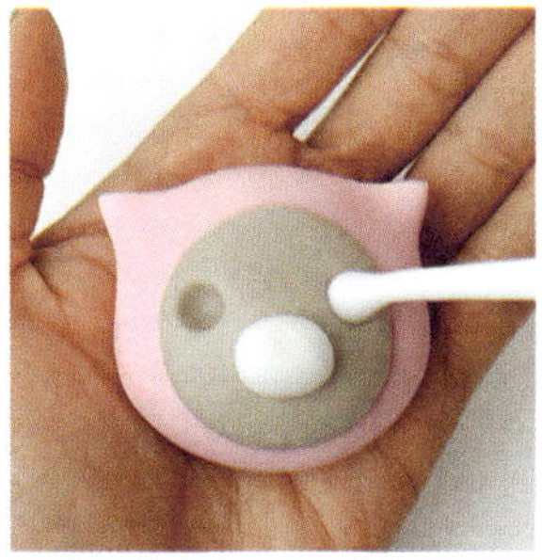

Avec le stylet rond, marquez deux traces de chaque côté en haut du museau.

Placez à l'intérieur 2 mini-boules de pâte à sucre noire.

Pour donner de la lumière aux yeux, réalisez de minuscules boules blanches et placez-les à l'aide d'un cutter, en diagonale, sur les yeux noirs du chat.

ÉTAPE 3

LE VISAGE

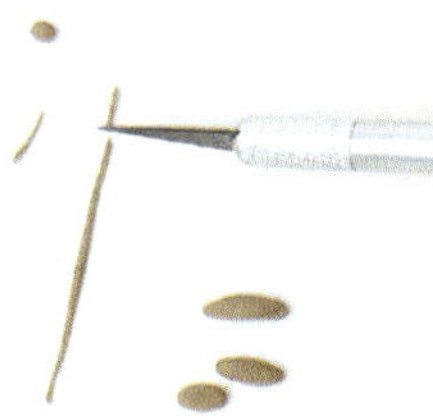

Avec la pâte à sucre marron, réalisez 1 petite boule pour le nez, 2 boudins fins pour les babines et 3 boudins plus épais pour les rayures.

Appliquez un peu d'eau sur les emplacements avec un pinceau légèrement humide et placez ces éléments sur la tête avec le bout du cutter ou de vos doigts.

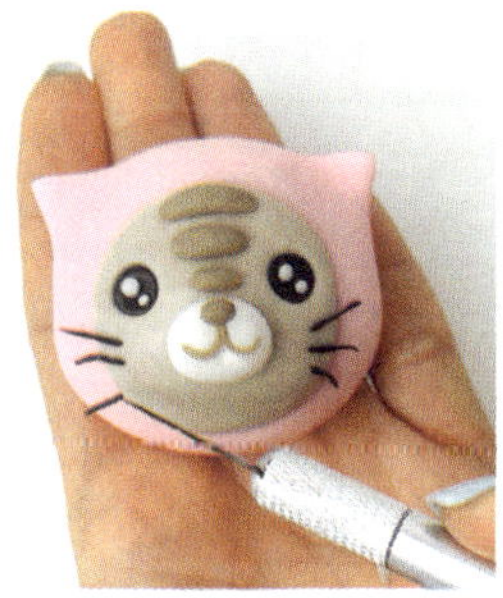

Façonnez 1 fin boudin de pâte à sucre noire que vous couperez en 6 pour les moustaches et plantez-en 3 de chaque côté du museau.

ÉTAPE 4
LE CORPS ET LES PATTES

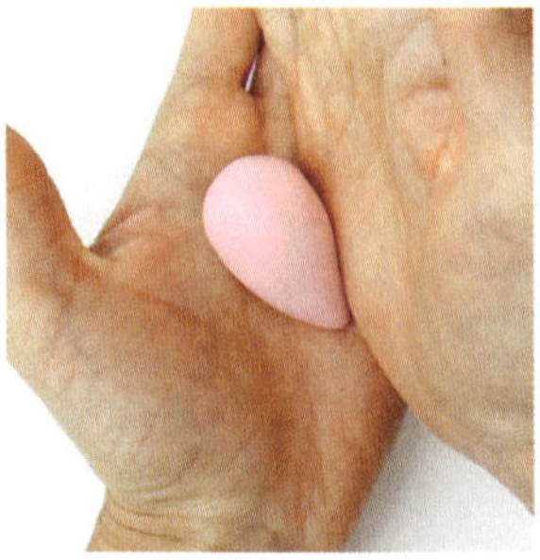

Façonnez 1 boule de pâte à sucre rose de 3 cm de diamètre environ, puis donnez-lui une forme de cône.

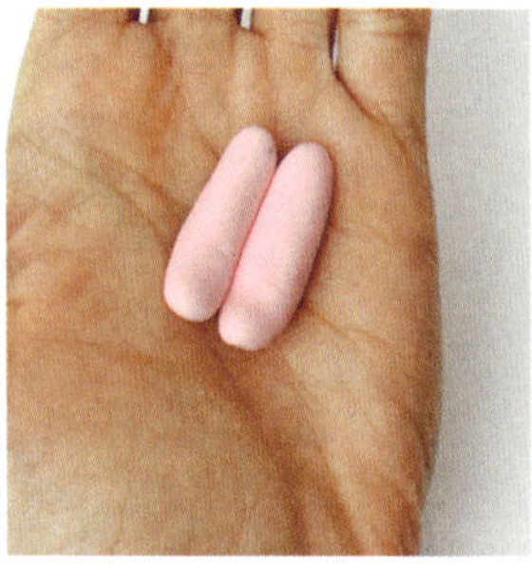

Pour les pattes avant, modelez 2 petites boules roses en boudins plutôt épais et faites-les rebiquer au bout.

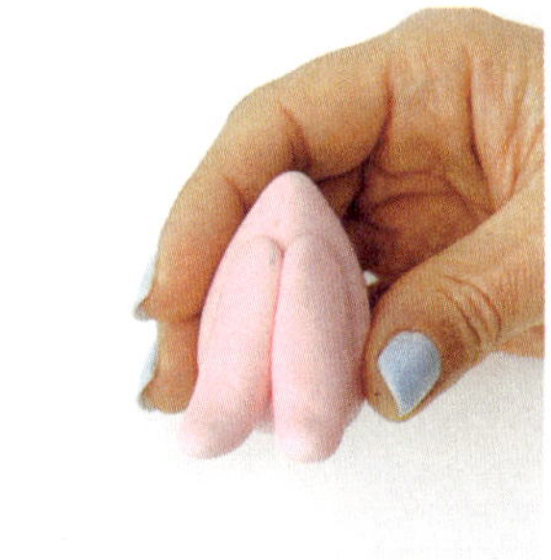

Collez les 2 pattes ensemble, puis collez-les sur le devant du corps (avec un peu d'eau).

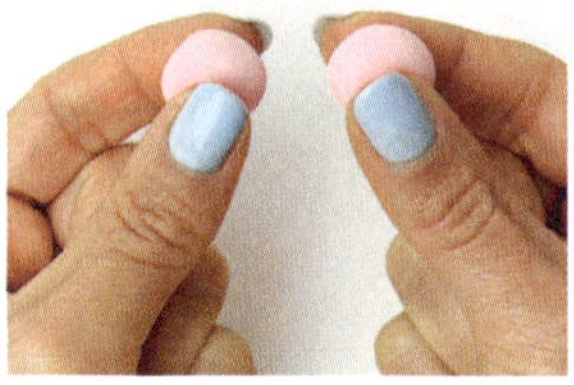

Pour les pattes arrière, aplatissez légèrement 2 petites boules roses de 1,5 cm de diamètre environ.

Préparez ensuite 8 mini-boules de pâte à sucre noire.

Collez-les sous les pattes pour faire les coussinets : 1 boule noire au milieu en bas et 3 en arc de cercle en haut.

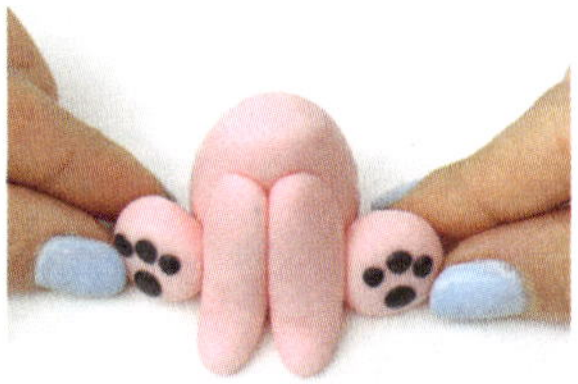

Déposez les pattes de chaque côté du corps du chat.

ÉTAPE 5
LES FINITIONS

Plantez un cure-dent dans le corps, puis piquez la tête dessus.

Si vous voulez plus de « mignonnerie », penchez légèrement sa tête sur le côté.

MAPLE ANIMAL CROSSING

Niveau :

Ingrédients

Pour 1 modelage de 9 cm de haut et 7 cm de large environ

- ★ 50 g de pâte à sucre blanche
- ★ 50 g de pâte à sucre marron
- ★ 20 g de pâte à sucre beige
- ★ Un peu de pâte à sucre verte
- ★ Un peu de pâte à sucre rose
- ★ Un peu de pâte à sucre noire

Matériel

- ★ Cutter
- ★ Palette
- ★ 1 cure-dent

ÉTAPE 1
LA TÊTE

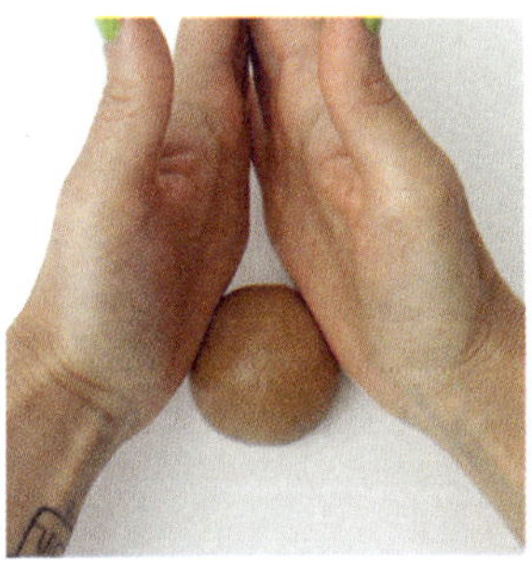

Formez 1 grosse boule de pâte à sucre marron de 4 cm de diamètre environ. Aplatissez-la légèrement avec la paume des mains, en haut de chaque côté pour réaliser la forme de la tête de Maple.

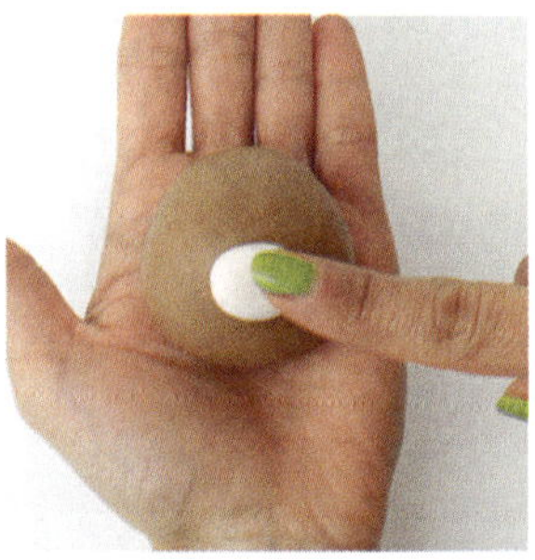

Collez en aplatissant 1 boule de pâte à sucre beige de 1 cm de diamètre environ au niveau du museau.

Façonnez 3 petites boules de pâte à sucre noire et placez-les pour le nez et les yeux. Pour éclairer les yeux, ajoutez dans chaque œil un minuscule point de pâte à sucre blanche.

Réalisez 1 très fin boudin de pâte à sucre noire et découpez-le au cutter pour faire les cils ainsi que les babines.

Vous pouvez aussi utiliser un pinceau avec du colorant noir, ou un feutre alimentaire.

ÉTAPE 2
LES OREILLES

Modelez 2 petites boules de pâte à sucre marron de 1 cm de diamètre environ, ainsi que 2 plus petites beiges et superposez-les en quinconce. Aplatissez-les délicatement et, avec le pouce et l'index, donnez-leur une forme arrondie.

Faites deux entailles de chaque côté de la tête, puis avec un peu d'eau faites-y adhérer les oreilles.

ÉTAPE 3
LES CHEVEUX ET LES JOUES

Réalisez 4 petits boudins en pâte à sucre marron pour les cheveux et placez-les côte à côte sur le haut de la tête pour former une frange.

Préparez 2 petites boules de pâte à sucre rose et aplatissez-les sur les joues de Maple.

ÉTAPE 4
LE CORPS

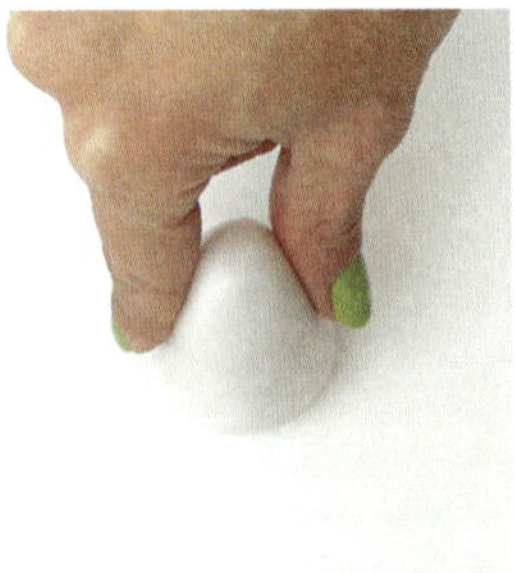

Réalisez 1 boule de pâte à sucre blanche de 5 cm de diamètre environ et façonnez-la en forme de cône.

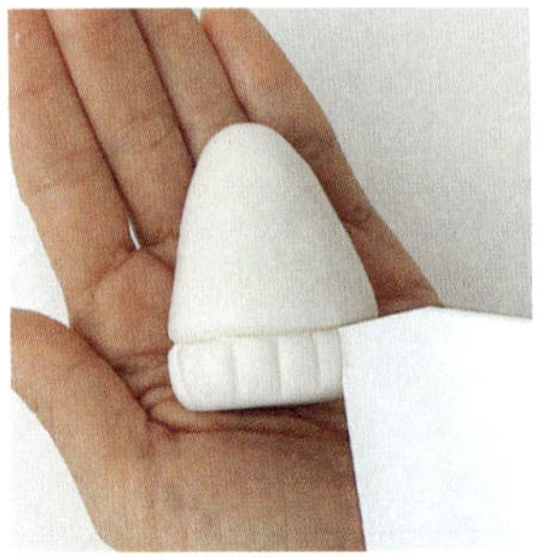

À l'aide de la palette ou du cutter, tracez un trait qui fait le tour du cône à 1 cm du bas, puis faites des entailles tout autour pour représenter les mailles du pull.

ÉTAPE 5
LES JAMBES

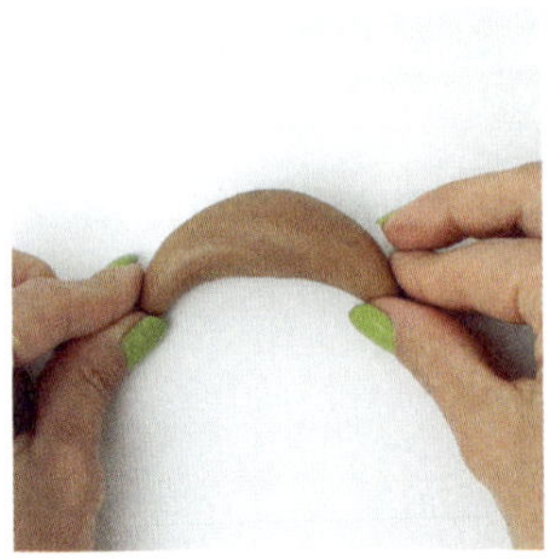

Façonnez 1 boule de pâte à sucre marron de 3 cm de diamètre environ, puis modelez-la en boudin, en arc de cercle, plus fin aux extrémités.

Ajoutez 2 petites boules de pâte à sucre beige aux extrémités du boudin marron pour les pattes. Posez le corps dessus.

ÉTAPE 6
LES BRAS

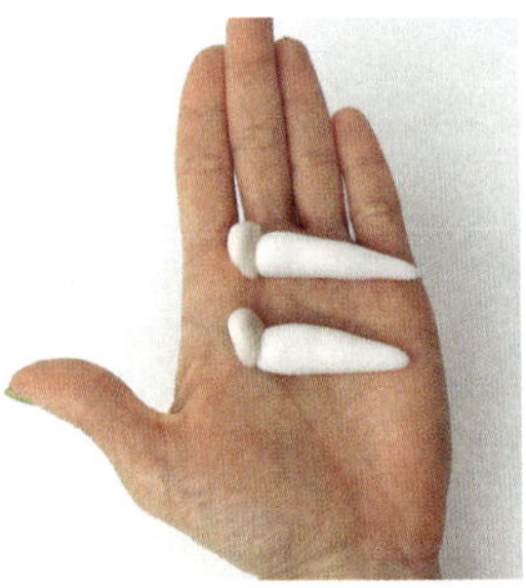

Formez 2 boules de pâte à sucre blanche de 2 cm de diamètre environ, puis modelez-les en forme de boudins légèrement coniques et placez au bout de chacun 2 petites boules beiges pour les mains.

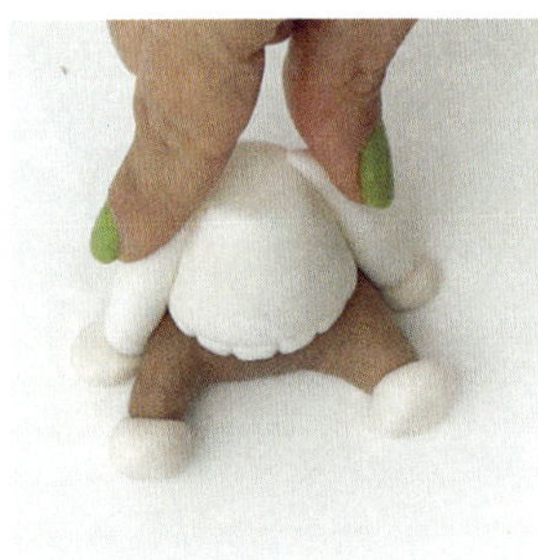

Collez les bras de chaque côté du corps.

ÉTAPE 7
LES FINITIONS

Étalez au rouleau 1 petite boule de pâte à sucre verte, puis découpez-y au cutter un petit sapin qui prendra sa place sur le pull de Maple.

Plantez un cure-dent au milieu du corps et piquez la tête dessus.

DORAEMON

Niveau :

Ingrédients

Pour 1 modelage de 8 cm de haut et 5 cm de large environ

- ★ 50 g de pâte à sucre bleue
- ★ 30 g de pâte à sucre blanche
- ★ 10 g de pâte à sucre rouge
- ★ Un peu de pâte à sucre bordeaux
- ★ Un peu de pâte à sucre noire
- ★ Un peu de pâte à sucre jaune

Matériel

- ★ Stylet rond
- ★ Tapis en silicone
- ★ Rouleau
- ★ Emporte-pièce de 2 cm de diamètre
- ★ Stylet droit
- ★ Cutter
- ★ 1 cure-dent

ÉTAPE 1
LE CORPS

Façonnez 1 boule de pâte à sucre bleue de 3 cm de diamètre environ et donnez-lui une forme légèrement ovale.

Faites ensuite une encoche avec le stylet rond en bas du corps pour dessiner les jambes.

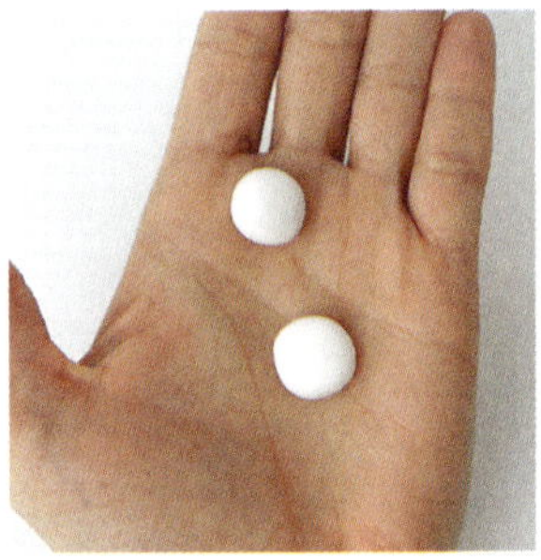

Réalisez 2 petites boules de pâte à sucre blanche de 1 cm de diamètre environ pour les pattes et applatissez-les légèrement.

Posez le corps sur les pattes blanches (ajoutez une goutte d'eau si les éléments n'adhèrent pas bien).

ÉTAPE 2
LA TÊTE ET LE VENTRE

Mettez le corps de côté, adossé à un verre ou une tasse par exemple, s'il a du mal à tenir debout.

Façonnez 1 autre boule bien ronde de pâte à sucre bleue de 4 cm de diamètre environ, puis aplatissez-la légèrement.

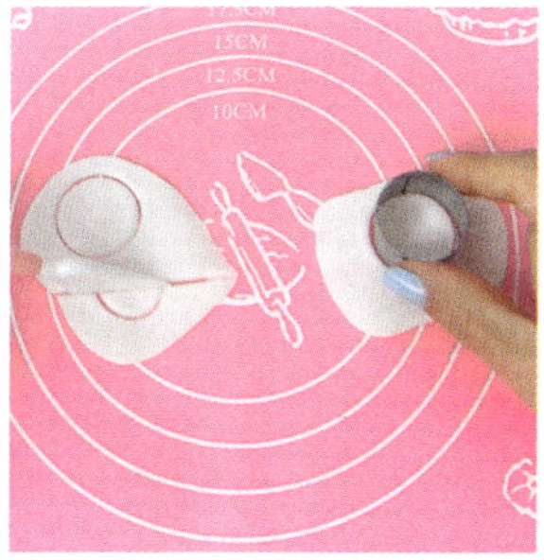

Sur le tapis en silicone, étalez 2 morceaux de pâte à sucre blanche et découpez 2 disques de 2 cm de diamètre environ. Découpez aussi un demi-cercle plus petit pour la poche.

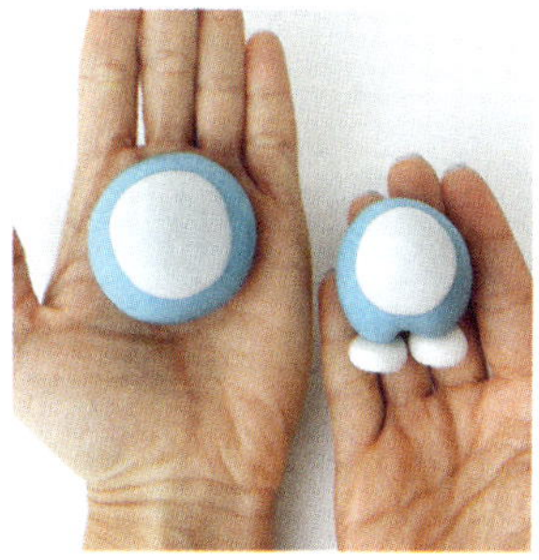

Collez un disque sur le ventre et un disque sur la tête de Doraemon.

ÉTAPE 3
LE VISAGE

Fixez la poche sur le ventre avec un peu d'eau.

Sur la tête, aplatissez 1 boule de pâte à sucre bordeaux au niveau de la bouche.

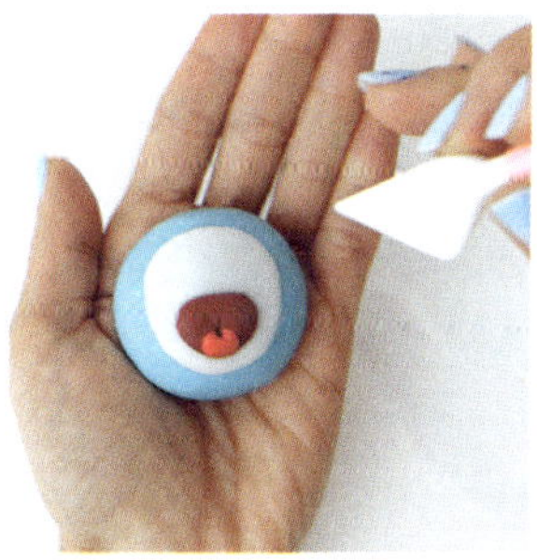

Puis ajoutez en bas de la bouche une petite boule de pâte à sucre rouge pour la langue. Faites une encoche en haut de cette dernière à l'aide du cutter ou du stylet droit.

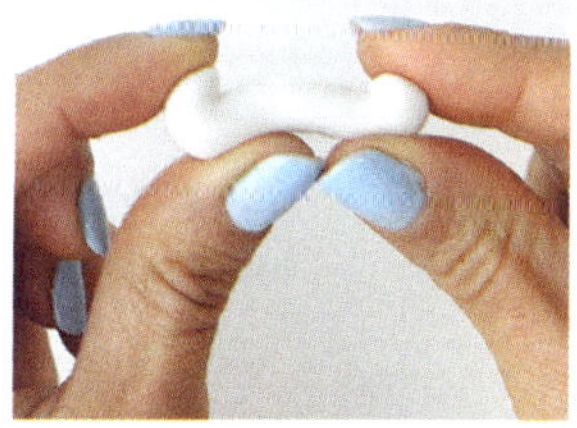

Avec le reste de pâte à sucre blanche, réalisez un boudin, et faites-le rebiquer de chaque côté pour former les babines.

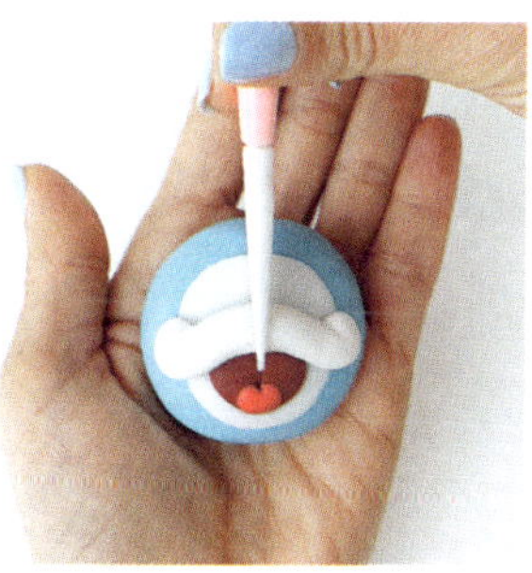

Collez-les au-dessus de la bouche, et faites une encoche au milieu avec le stylet droit.

Au-dessus, au centre des babines, placez 2 petites boules de pâte à sucre blanche ovales pour les yeux, collées l'une contre l'autre, puis collez à l'intérieur, au centre, de très petites boules noires.

Réalisez 6 fins boudins de pâte à sucre noire et déposez-en 3 de chaque côté sur les babines, à l'aide d'un peu d'eau si besoin. Pour le nez, placez 1 petite boule rouge au milieu des yeux sur le haut des babines.

ÉTAPE 4
LES BRAS

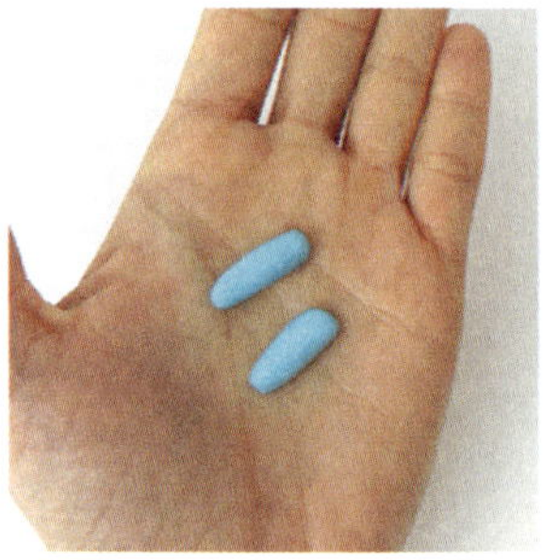

Façonnez 2 boules de pâte à sucre bleue de 1 cm de diamètre environ et modelez-les en boudin.

Collez-les de chaque côté du corps.

Réalisez 2 petites boules de pâte à sucre blanche, puis collez-les aux extrémités des bras, avec de l'eau.

ÉTAPE 5
LES FINITIONS

Plantez un cure-dent dans le corps, puis piquez la tête dessus.

Pour le collier, réalisez 1 fin boudin de pâte à sucre rouge et placez-le autour du cou de Doraemon.

Enfin, pour la clochette, réalisez une petite boule de pâte à sucre jaune. Faites un trait au milieu au cutter, puis un petit trou avec la pointe d'un cure-dent avant de la coller sur le collier de Doraemon.

Si votre modelage ne tient pas debout, pensez à mettre un support (par exemple, une tasse) pour le faire tenir le temps que le personnage durcisse.

CHOPPER

Niveau :

Ingrédients

Pour 1 modelage de 12 cm de haut et 8 cm de large environ

- 60 g de pâte à sucre beige
- 40 g de pâte à sucre rouge
- 30 g de pâte à sucre bordeaux
- 20 g de pâte à sucre marron
- Un peu de pâte à sucre bleue
- Un peu de pâte à sucre noire
- Un peu de pâte à sucre blanche

Matériel

- Stylet rond
- Pinceau alimentaire
- Stylet arc de cercle
- Stylet droit
- 1 cure-dent

ÉTAPE 1
LA TÊTE

Façonnez 1 boule de pâte à sucre beige de 4 cm de diamètre environ.

Puis donnez-lui une forme légèrement pointue vers le bas en appuyant avec la paume des mains.

Avec l'auriculaire, aplatissez délicatement la partie haute pour former le front.

Collez 2 petites boules de pâte à sucre beige en les aplatissant au niveau des babines. Collez-en une troisième plus petite en dessous des babines pour la bouche.

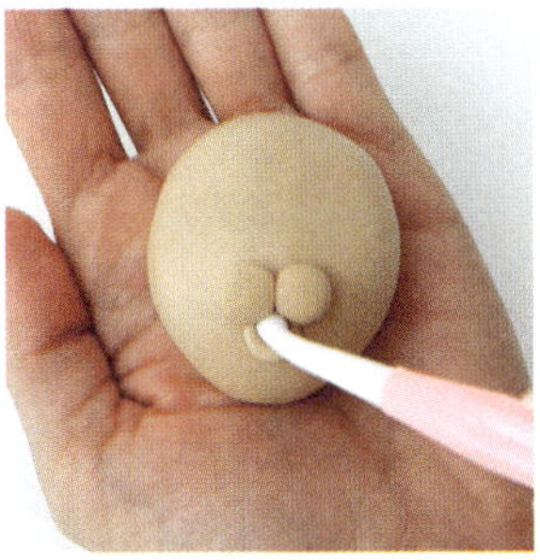

Faites un trou à l'intérieur de la bouche à l'aide du stylet rond.

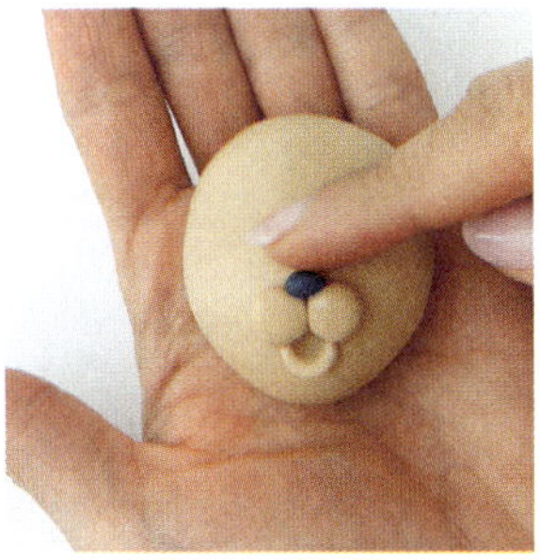

À l'aide d'un peu d'eau déposée au pinceau, collez 1 mini-boule de pâte à sucre bleue au-dessus des babines, pour le nez.

Avec le stylet arc de cercle, tracez deux encoches pour les yeux.

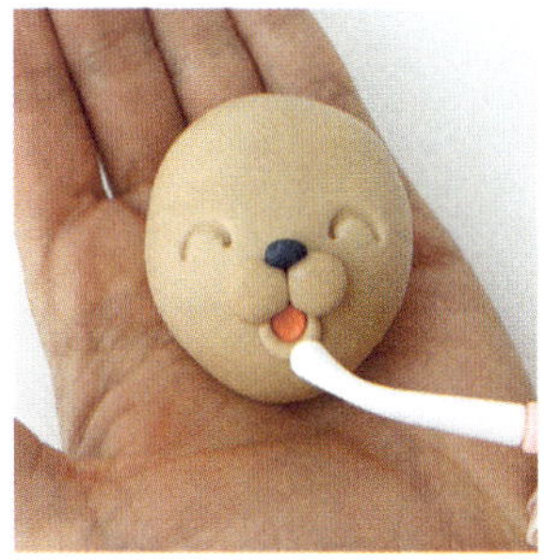

À l'aide du stylet rond, insérez un petit morceau de pâte à sucre rouge dans la bouche pour la langue.

Façonnez 1 fin boudin de pâte à sucre noire, découpez-le en 4 morceaux et déposez-les au niveau des yeux, puis des sourcils.

ÉTAPE 2
LE CHAPEAU

Aplatissez 1 boule de pâte à sucre rouge de 3 cm de diamètre environ et collez-la sur la tête de Chopper.

Modelez 1 boule de pâte à sucre rouge de 2 cm de diamètre environ en forme de cône plat. Aplatissez-le aux extrémités avec votre index.

Enfin étalez un peu de pâte à sucre rouge, découpez une longue bande fine et déposez-la tout autour du rebord du chapeau.

Pour la croix, faites 2 boudins de pâte à sucre blanche et superposez-les en diagonale. Collez-les sur le chapeau.

ÉTAPE 3
LES OREILLES ET LES BOIS

Modelez 2 petites boules de pâte à sucre beige en triangle en les pinçant entre vos doigts. Collez-les ensuite sur le rebord du chapeau.

Pour les bois, façonnez 2 boules marron de 1,5 cm de diamètre environ en 2 boudins assez épais. Formez-les en arc de cercle et faites une encoche de chaque côté aux extrémités.

Déposez-les à côté des oreilles, contre le chapeau.

ÉTAPE 4
LES JAMBES ET LE CORPS

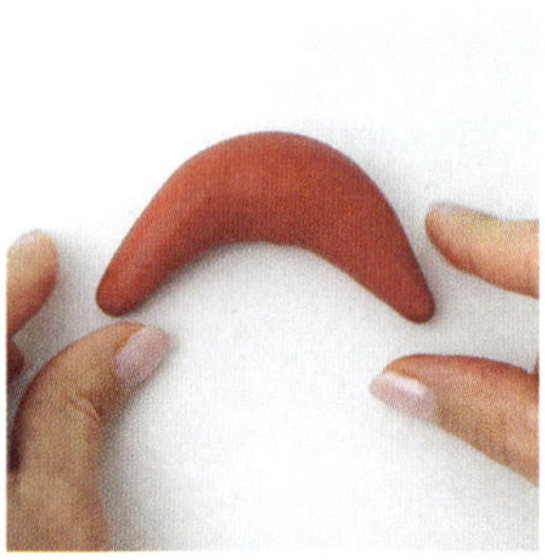

Réalisez 1 boule de 4 cm de diamètre environ avec la pâte à sucre bordeaux, puis façonnez-la en un boudin épais au milieu et plus fin aux extrémités, et formez un arc de cercle.

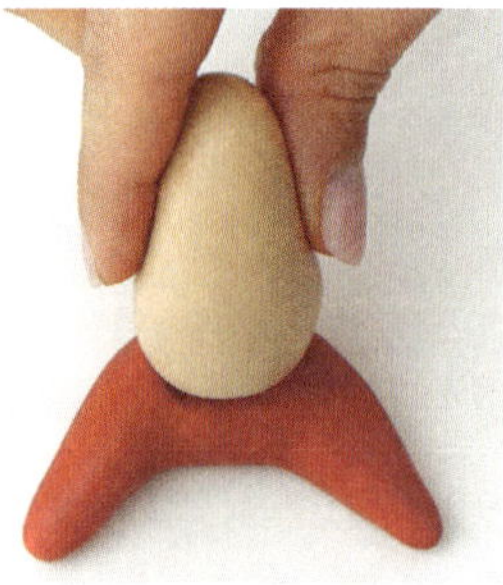

Façonnez 1 boule de pâte à sucre beige de 3 cm de diamètre environ et réalisez un cône. Déposez-le, pointe vers le haut, sur les jambes.

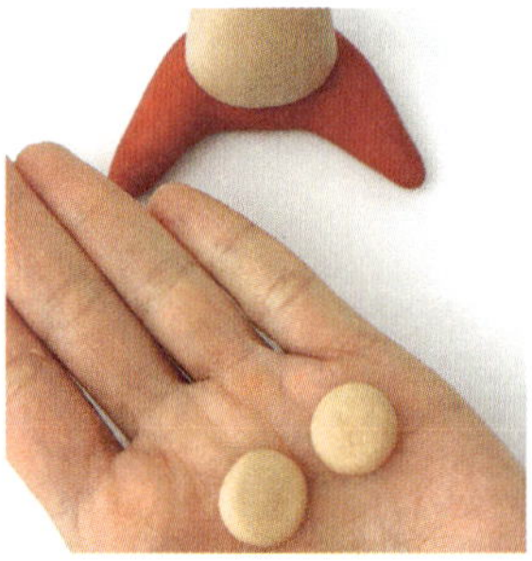

Réalisez 4 petites boules de pâte à sucre beige de 1 cm de diamètre environ et aplatissez-les.

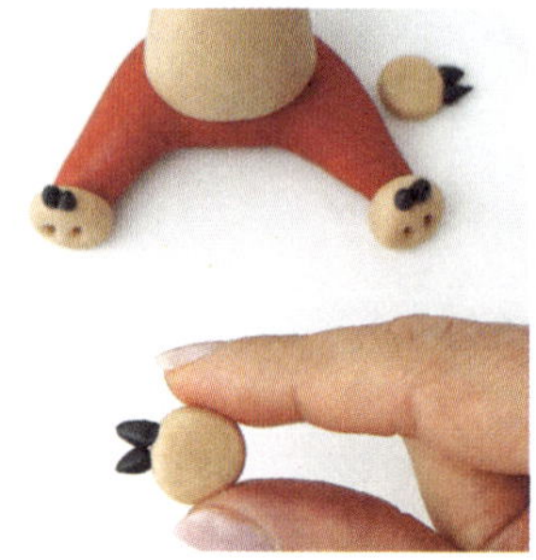

Modelez ensuite 8 petites boules noires pour les griffes (2 par patte). Collez-les avec un peu d'eau au bout des pattes pour les pieds, puis de chaque côté des fesses pour les bras.

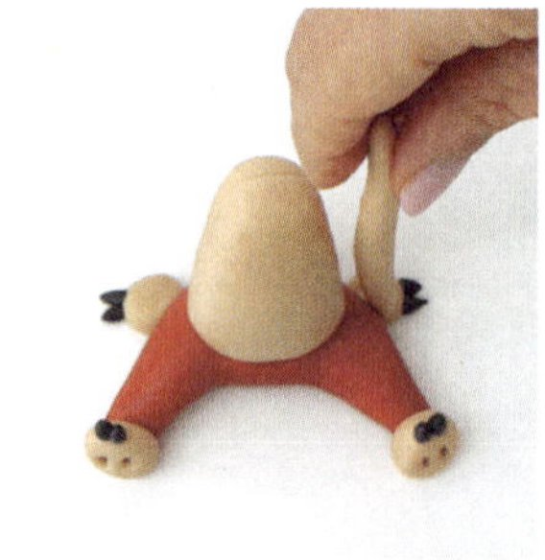

Enfin, réalisez 2 fins boudins de pâte à sucre beige pour les bras que vous déposerez au-dessus des pattes, de chaque côté du corps.

ÉTAPE 5
LES FINITIONS

Plantez un cure-dent au milieu du corps, puis piquez la tête dessus. Tracez des petites stries sur le torse.

Si la tête est trop lourde, mettez un support à l'arrière (tasse ou verre) le temps que votre modelage sèche et durcisse.

ANYA FORGER

Niveau :

Ingrédients

Pour 1 modelage de 10 cm de haut et 7 cm de large environ

- 90 g de pâte à sucre noire
- 60 g de pâte à sucre beige
- 40 g de pâte à sucre rose
- 20 g de pâte à sucre blanche
- Un peu de pâte à sucre verte
- Un peu de pâte à sucre jaune

Matériel

- Stylet rond
- Feutre alimentaire vert
- Pinceau alimentaire
- 1 cure-dent

ÉTAPE 1
LE CORPS ET LES JAMBES

Façonnez 1 boule de pâte à sucre noire de 5 cm de diamètre environ, puis modelez-la en forme de cône et repliez-la en aplatissant le bas.

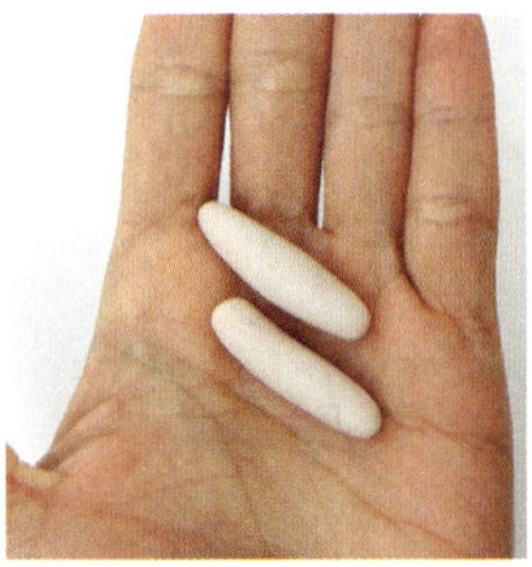

Façonnez 2 boules de pâte à sucre beige en boudins.

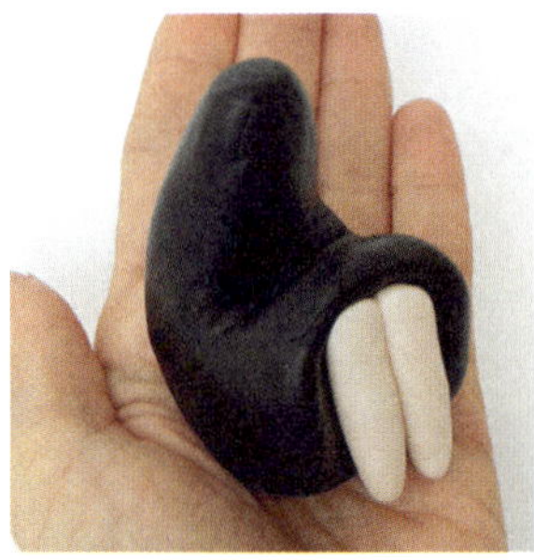

Collez-les sur le cône replié, à l'aide d'une pointe d'eau si besoin.

Pour les pieds, modelez 2 petites boules de pâte à sucre noires ovales de 1 cm de diamètre environ, puis aplatissez-les légèrement. Avec le stylet rond, faites une petite marque à l'intérieur de chacune.

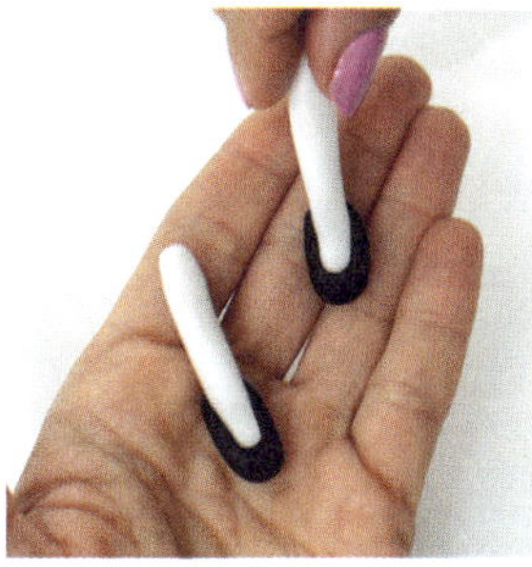

Insérez dedans 2 petits boudins de pâte à sucre blanche.

Coupez net les bords des jambes ainsi que ceux des chaussettes, puis assemblez-les avec un peu d'eau.

Découpez une fine bande dans la pâte à sucre blanche restante.

Puis collez-la, avec un peu d'eau si besoin, en la fronçant à la démarcation des chaussettes.

ÉTAPE 2

LES MAINS ET LES BRAS

Repliez les cônes de façon à créer les effets de pliures des manches ainsi que l'arrondi pour glisser les mains.

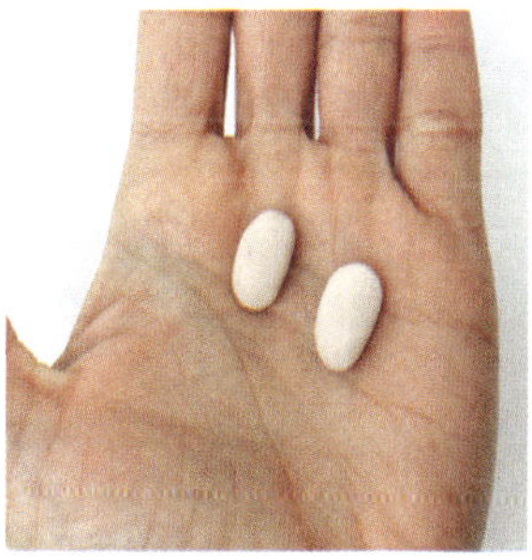

Modelez 2 petites boules de pâte à sucre beige ovales, aplatissez-les légèrement.

Formez 2 boules de pâte à sucre noire de 2 cm de diamètre environ, puis façonnez-les en cônes.

Collez-les sur le corps, en partant du haut (le cou) et en les repliant pour former les manches, le côté le plus large au-dessus des jambes, au niveau des mains.

ÉTAPE 3

LA TÊTE

Mettez le corps de côté et laissez-le sécher et durcir le temps de réaliser la tête.

Façonnez 1 boule bien ronde de pâte à sucre beige de 4 cm de diamètre environ.

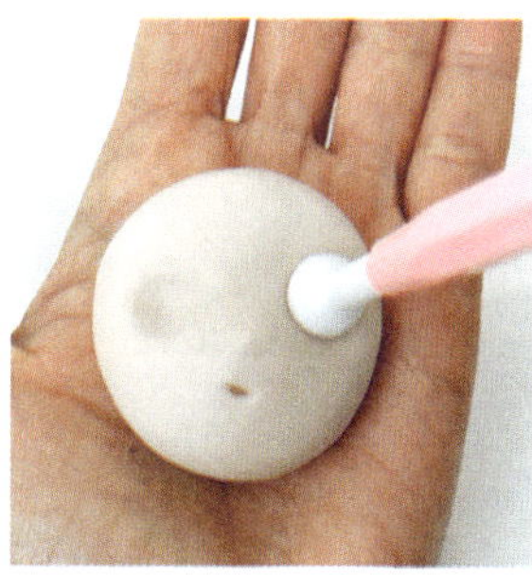

Pincez au milieu pour réaliser le nez, puis, avec le stylet rond, marquez les yeux et tracez la bouche avec le stylet droit.

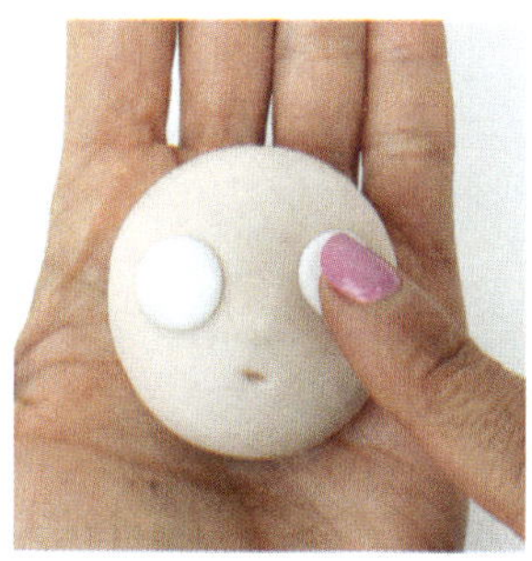

Aplatissez 2 petites boules de pâte à sucre blanche et déposez-les dans les trous des yeux.

Ajoutez 2 plus petites boules de pâte à sucre verte, légèrement ovales et aplaties dans les coins internes des yeux.

Accentuez les bords avec un feutre alimentaire vert un peu plus soutenu.

Réalisez ensuite 2 mini-boules de pâte à sucre blanches plates pour chaque œil et placez-les sur les pupilles. Faites ensuite 2 longs et fins boudins noirs ainsi que 4 petits pour les cils. Déposez-les au-dessus des yeux.

Enfin, aplatissez 2 petites boules de pâte à sucre roses juste en dessous des yeux pour les joues.

ÉTAPE 4
LES CHEVEUX

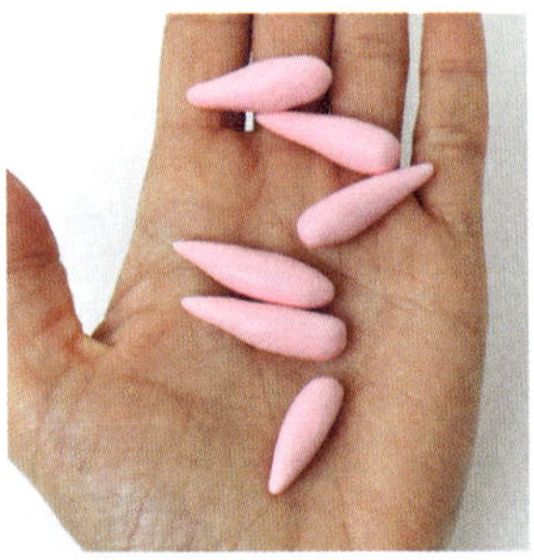

Réalisez plusieurs petits cônes avec la pâte à sucre rose.

Collez les premiers pour la frange, un à un, en affinant et arrondissant le bout pour figurer le mouvement de la chevelure.

Puis collez tous les autres autour de la tête de la même façon.

ÉTAPE 5
LES OREILLES

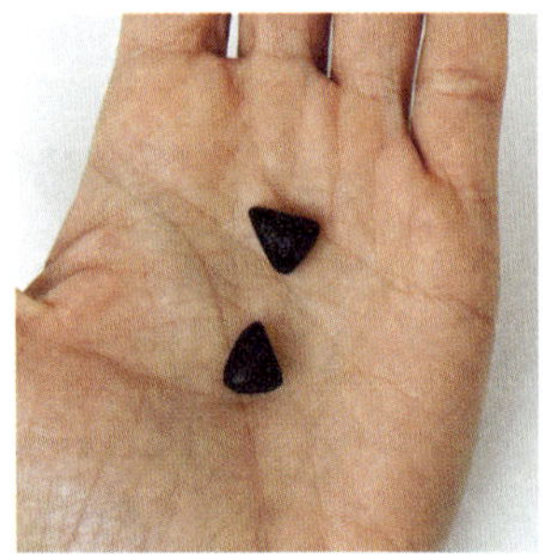

Modelez 2 petites boules de pâte à sucre noire en cônes, puis aplatissez-les légèrement.

Réalisez 1 fin boudin de pâte à sucre jaune, placez-le autour de chaque oreille. Faites une petite encoche dans les cheveux, déposez une pointe d'eau au pinceau, puis insérez les oreilles.

ÉTAPE 6
L'ASSEMBLAGE

Plantez un cure-dent dans le corps, puis plantez-y dessus la tête, légèrement penchée sur les mains.

TORTUE GÉNIALE

Niveau :

Ingrédients

Pour 1 modelage de 13 cm de haut et 5 cm de large environ

- 60 g de pâte à sucre orange
- 50 g de pâte à sucre marron
- 50 g de pâte à sucre beige
- 50 g de pâte à sucre bleue
- 30 g de pâte à sucre blanche
- 20 g de pâte à sucre noire
- Un peu de pâte à sucre rouge

Matériel

- Stylet rond
- Stylet droit
- Palette
- 3 cure-dents

ÉTAPE 1
LES PIEDS ET LES JAMBES

Façonnez 2 boudins assez arrondis de 2 cm de long environ avec la pâte à sucre noire.

Collez-les ensemble par l'arrière et, avec le stylet rond, faites une marque au milieu.

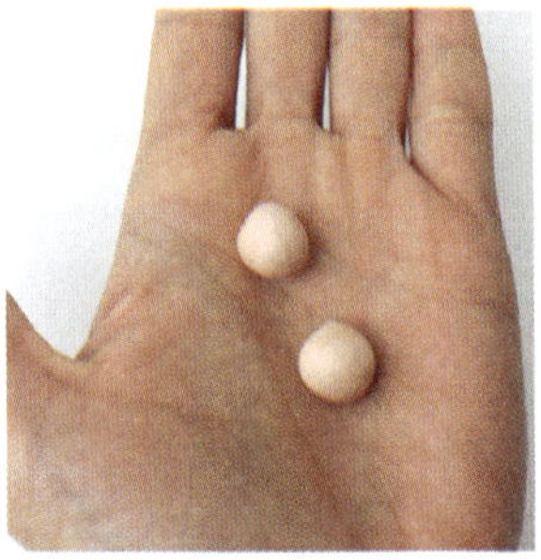

Réalisez 2 petites boules de pâte à sucre beige de 1,5 cm de diamètre environ.

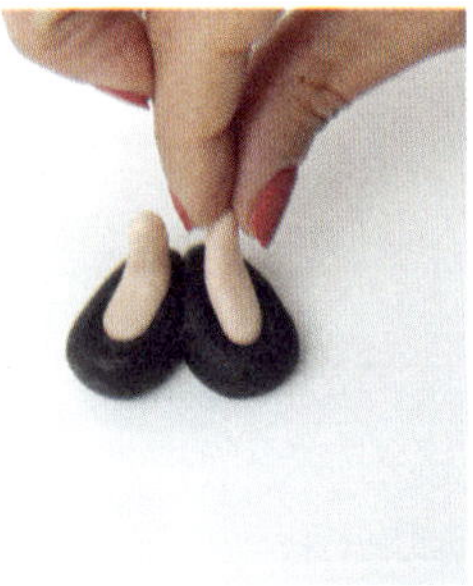

Modelez-les en boudins et placez-les dans les chaussures pour les chevilles.

Façonnez 2 boules de 4 cm de diamètre environ avec la pâte à sucre bleue, et modelez-les en 2 cônes égaux.

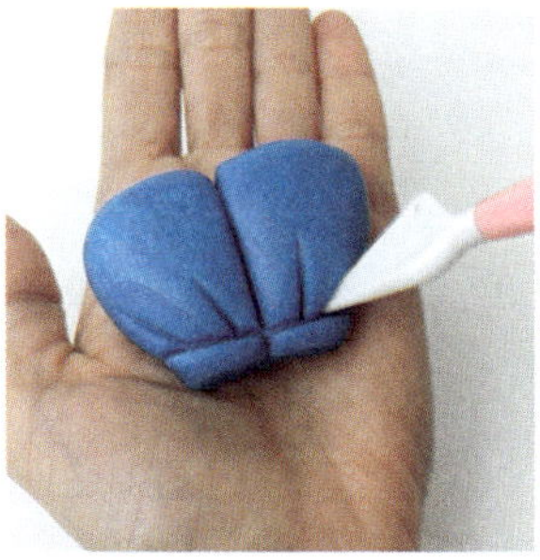

Collez-les de façon à former un triangle. Faites quelques marques au stylet droit pour figurer le pantalon.

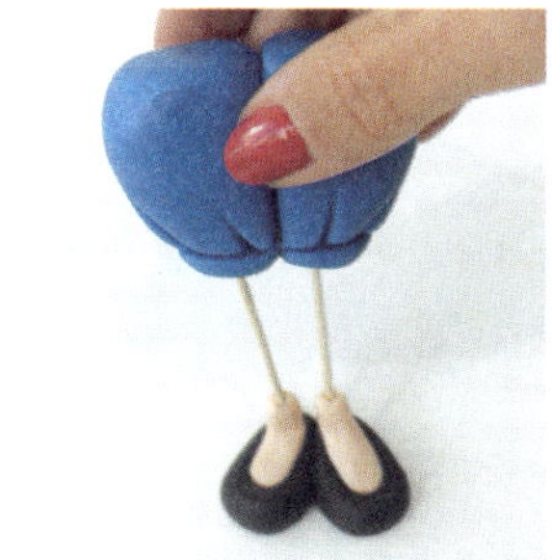

Fixez les jambes sur les pieds, à l'aide de deux cure-dents plantés dans les chevilles.

Laissez ensuite sécher le modelage contre une tasse pour qu'il reste droit.

ÉTAPE 2

LA TÊTE

Façonnez 1 boule de pâte à sucre beige de 5 cm de diamètre environ et donnez-lui une forme ovale.

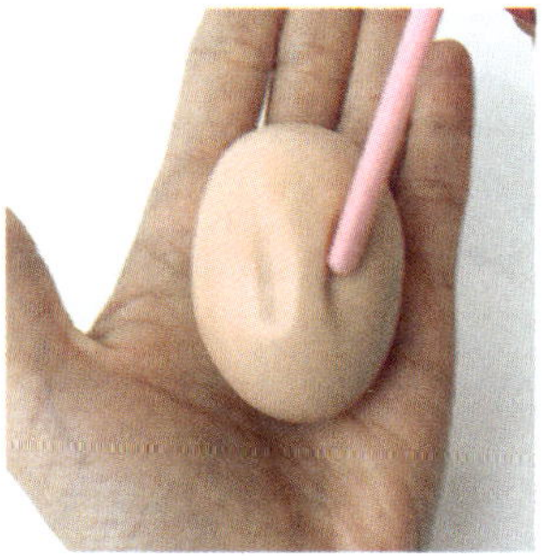

Tracez avec le stylet rond 2 arcs de cercle long de chaque côté.

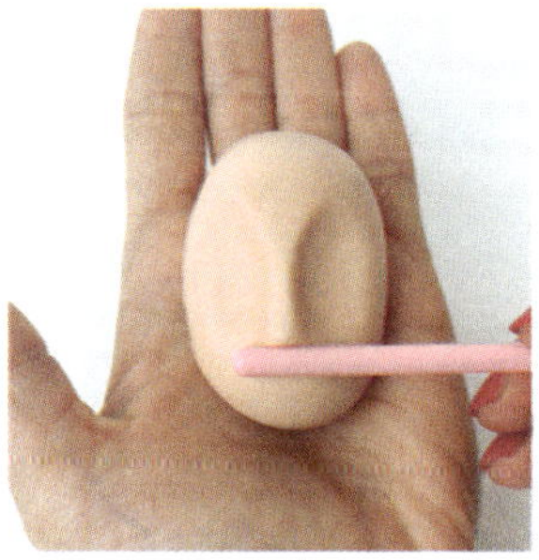

Pincez ensuite le milieu pour réaliser le nez, lissez bien avec les doigts et aplatissez au stylet juste au-dessous du nez.

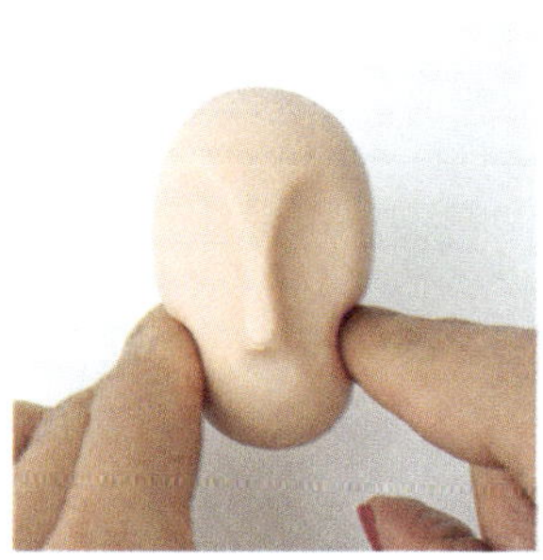

Accentuez le creux du visage en appuyant légèrement au niveau des joues.

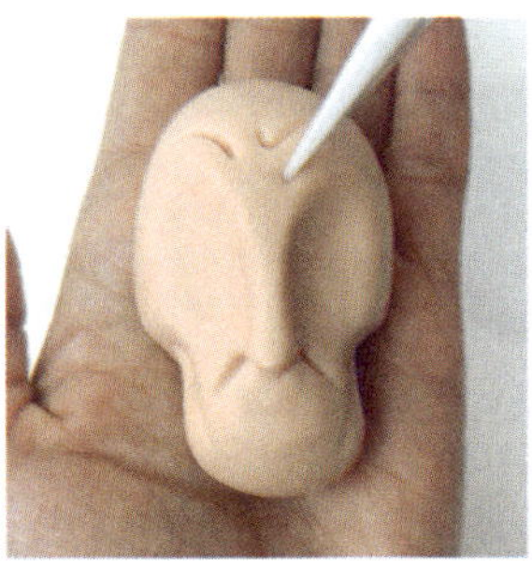

Tracez avec le stylet droit des plis sur le front et sur les joues.

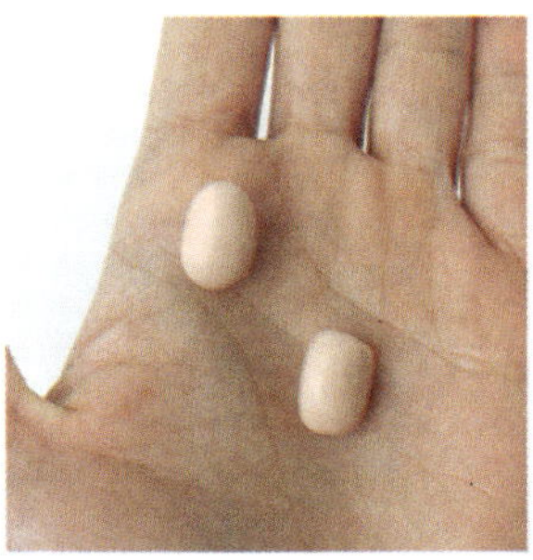

Modelez 2 petites boules de pâte à sucre beige de 1 cm de diamètre environ en ovales pour former les oreilles.

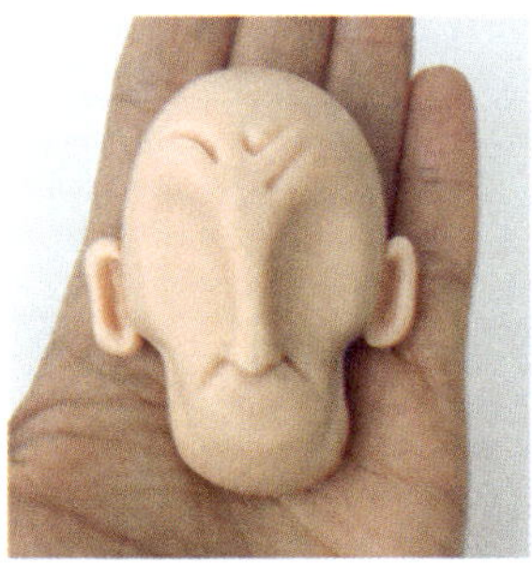

Appuyez avec le stylet rond au milieu de chacune, puis collez les oreilles sur les côtés de la tête avec un peu d'eau.

ÉTAPE 3
LES LUNETTES

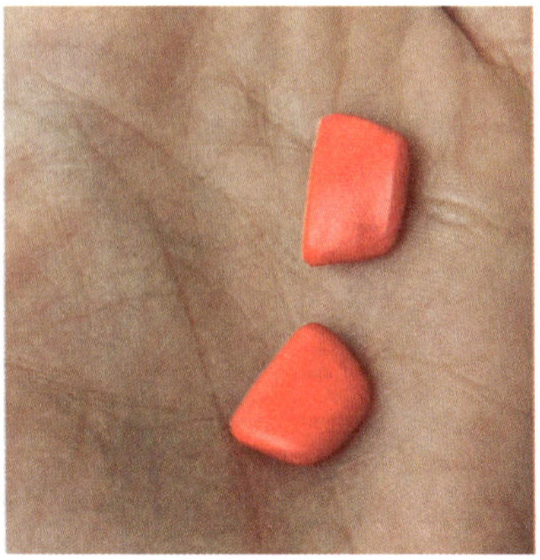

Aplatissez 2 petites boules de pâte à sucre rouge de 1 cm de diamètre environ entre vos doigts et modelez-les en carré, légèrement allongé en haut.

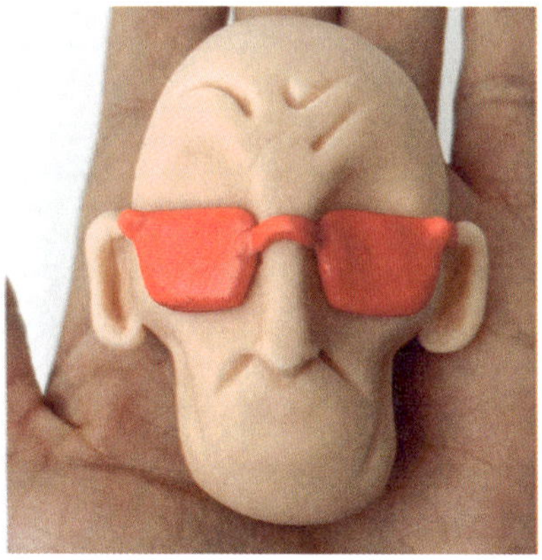

Découpez 1 autre tout petit morceau de pâte à sucre rouge et faites 1 mini-boudin que vous déposerez en arc de cercle au milieu des lunettes. Réalisez 2 autres boudins pour les branches. Collez l'ensemble sur le visage de Tortue géniale, au-dessus du nez.

Aplatissez 2 mini-boules de pâte à sucre noire à l'intérieur des lunettes.

Vous pouvez retravailler la forme à l'aide du stylet droit

ÉTAPE 4
LES MOUSTACHES, LA BARBE ET LES SOURCILS

Pour les sourcils, réalisez 2 petits boudins blancs et déposez-les en arc de cercle au niveau des premières marques au stylet sur le front. Pour la barbe, réalisez un cône blanc, aplatissez-le, puis collez-le sur le bas du visage, à l'aide d'un peu d'eau. Réalisez une petite marque au niveau de la bouche.

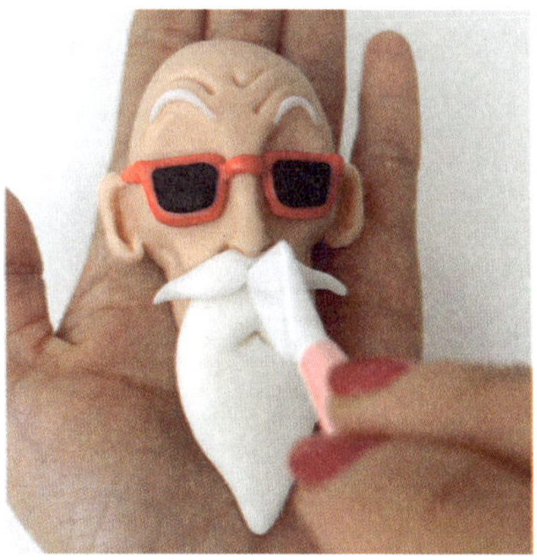

Pour les moustaches, façonnez 2 petits cônes blancs aplatis et affinés au bout, posez-les juste sous le nez, de chaque côté.

ÉTAPE 5
LE BUSTE ET LES BRAS

Façonnez 1 boule de pâte à sucre orange de 6 cm de diamètre environ et donnez-lui une forme de cône.

Aplatissez le plus large bout sur votre table. Étalez un morceau de pâte à sucre blanche et découpez une bande que vous poserez au milieu du cône orange.

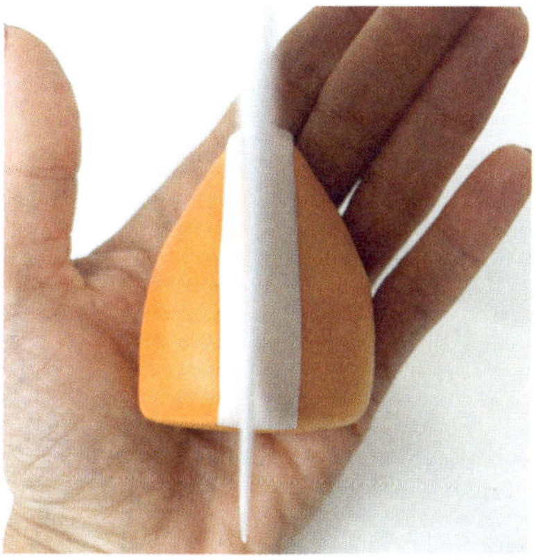

Faites un trait au milieu à l'aide de la palette.

Réalisez ensuite 3 petits boudins de pâte à sucre marron et collez-les au niveau des boutons de la veste.

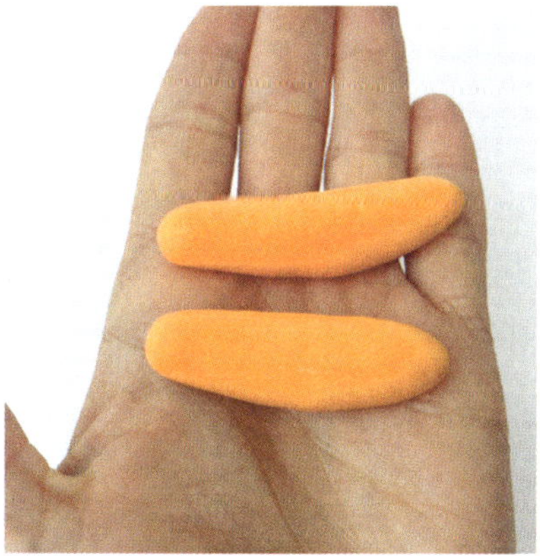

Façonnez 2 boules de 2 cm de diamètre environ avec le reste de pâte à sucre orange et modelez-les en longs boudins.

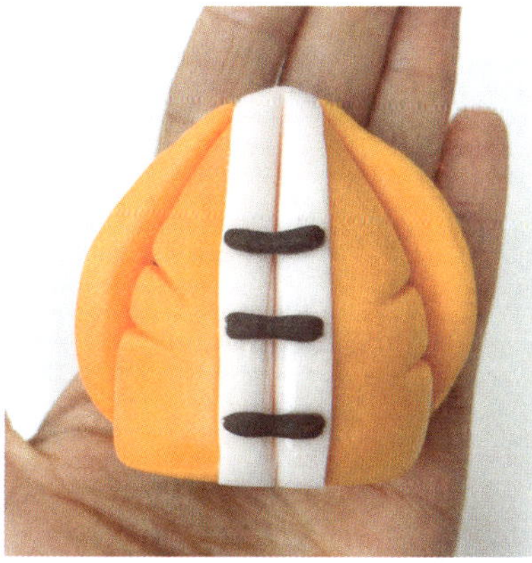

Collez-les autour de la veste en arc de cercle. Tracez quelques plis sur les côtés.

ÉTAPE 6
LA CARAPACE

Réalisez les bretelles en faisant 2 petits boudins de pâte à sucre marron que vous déposerez autour des épaules.

Pour la carapace, réalisez 1 boule de 3 cm de diamètre environ avec la pâte à sucre marron et aplatissez-la sur la table.

Formez 1 long boudin de pâte à sucre marron et fixez-le tout autour. Faites des encoches dessus à l'aide de la palette.

ÉTAPE 7
L'ASSEMBLAGE

Placez le buste sur les jambes.

Plantez un cure-dent au milieu du corps, puis piquez la tête dessus.

Enfin, collez la carapace derrière avec un peu d'eau.

Adossez le personnage contre une tasse pour le laisser figer.

Les GÂTEAUX DESIGN

Milk

GÂTEAU POULPE KAWAII

Niveau :

Ingrédients

Pour 1 poulpe de 10 cm de haut et 18 cm de large environ
Préparation : 2 h
Réfrigération : 2 h 40

Pour le gâteau :

- ★ 2 génoises de 10-12 cm de diamètre (recette p. 20)
- ★ 150 g de crème Chantilly mascarpone (recette p. 22)
- ★ 200 g de crème au beurre à la meringue italienne (recette p. 24)
- ★ 50 g de sirop d'imbibage (recette p. 25)
- ★ Confiture de fraise

Pour le poulpe :

- ★ 500 g de pâte à sucre bleu clair
- ★ 20 g de pâte à sucre bleu foncé
- ★ 10 g de pâte à sucre noire
- ★ 5 g de pâte à sucre rose
- ★ Un peu de pâte à sucre blanche
- ★ Sucre glace ou fécule de maïs (facultatif)

Matériel

- ★ Couteau à génoise
- ★ Plateau tournant
- ★ Pinceau alimentaire (ou pipette)
- ★ Poche à douille
- ★ Spatule
- ★ Rodhoid®
- ★ Tapis en silicone
- ★ Rouleau
- ★ Lisseur
- ★ Cutter
- ★ Stylet rond

ÉTAPE 1
LES GÉNOISES, LE SIROP, LA CHANTILLY ET LA CRÈME

Préparez les éléments du gâteau en suivant les recettes indiquées.

ÉTAPE 2
LA FORME

Découpez vos génoises en 2 dans la hauteur pour obtenir 4 morceaux égaux de 10 cm de diamètre sur 1,5 cm de hauteur.

Posez 1 morceau sur le plateau tournant et imbibez le dessus à l'aide d'un pinceau avec le sirop.

Mettez dans une poche à douille la crème au beurre à la meringue italienne préalablement ramollie et tracez un cercle tout autour du gâteau.

Déposez au centre la crème Chantilly mascarpone.

Avec une cuillère, étalez ensuite un peu de confiture.

Imbibez de sirop un 2e morceau de génoise.

Déposez-le sur la première génoise recouverte de crème et de confiture.

Placez le gâteau au réfrigérateur pour 30 minutes minimum, le temps qu'il fige.

Renouvelez les opérations crème au beurre-crème chantilly-confiture jusqu'au dernier morceau de génoise. N'imbibez alors que le côté du dessous.

ÉTAPE 3
LA SCULPTURE

À l'aide du couteau à génoise, taillez en biais le contour de la dernière génoise, pour réaliser un arrondi.

Coupez ensuite en biais verticalement afin d'affiner toute la partie basse du gâteau.

ÉTAPE 4
LE CORPS DU POULPE

Reprenez votre crème au beurre à la meringue italienne et étalez-la grossièrement tout autour du gâteau avec une spatule.

Lissez-la ensuite à l'aide d'un morceau de Rhodoïd®, de bas en haut.

Remettez le gâteau au réfrigérateur encore 2 heures minimum.

Étalez largement la pâte à sucre bleu clair sur le tapis en silicone avec votre rouleau.

Vous pouvez mettre une pointe de sucre glace ou de fécule de maïs sur le tapis avant d'étaler la pâte pour éviter qu'elle ne colle.

Déposez-la délicatement sur le gâteau à l'aide du rouleau.

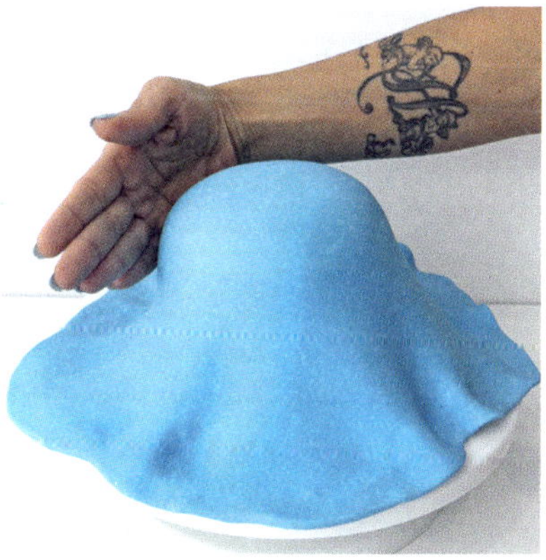

Dépliez avec précaution les plis en bas du gâteau.

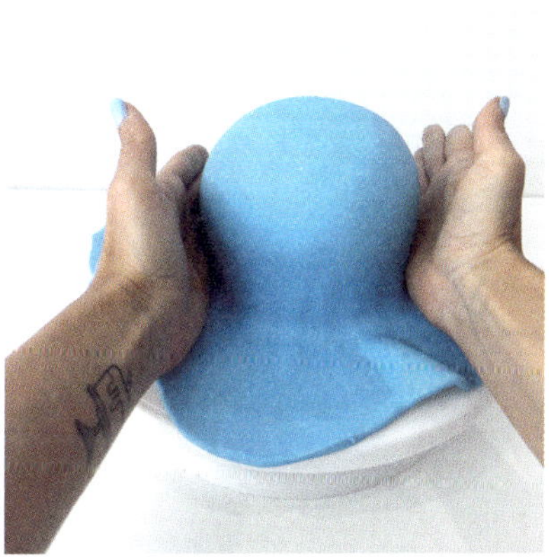

Lissez de haut en bas avec les paumes de mains.

Passez le lisseur pour enlever les derniers plis et bulles.

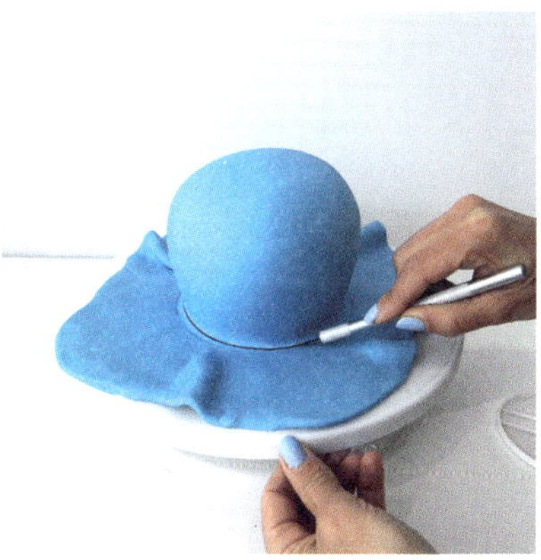

Coupez l'excédent en bas du gâteau, au cutter.

Mettez le gâteau poulpe quelques minutes au réfrigérateur le temps de préparer ses tentacules.

ÉTAPE 5

LES TENTACULES ET LA TÊTE DU POULPE

Préparez une douzaine de boules de pâte à sucre bleu clair de 3 cm de diamètre environ.

Déposez-les en bas, tout autour du poulpe. Avec un plus petit morceau bleu clair, faites une petite boule et collez-la au milieu du gâteau pour faire sa bouche.

Avec le stylet rond, faites un trou au milieu de celle-ci.

Pour les yeux, collez 2 boules de pâte à sucre noire de chaque côté de la bouche.

Ajoutez 2 minuscules boules de pâte à sucre blanche à l'intérieur des yeux, en diagonale.

Aplatissez 2 petites boules de pâte à sucre rose sous les yeux pour les joues.

Pour finir, modelez 6-7 boules de pâte à sucre bleu foncé de tailles différentes et aplatissez-les au-dessus de la tête du poulpe.

Vous pouvez lui ajouter un chapeau, un nœud, ou même une petite couronne si le gâteau vous semble trop simple.

GÂTEAU BRIQUE DE LAIT

Niveau :

Ingrédients

Pour 1 brique de 20 cm de haut et 9 cm de large environ
Préparation : 2 h
Réfrigération : 2 h 30

Pour le gâteau :

- 1 génoise de la taille d'un cake (recette p. 20)
- 150 g de crème Chantilly mascarpone (recette p. 22)
- 200 g de ganache chocolat (recette p. 23)
- 70 g de sirop d'imbibage (recette p. 25)
- Cacao en poudre

Pour la décoration :

- 100 g de pâte à sucre blanche + un peu pour les lettres
- 400 g de pâte à sucre marron
- 10 g de pâte à sucre noire
- 5 g de pâte à sucre rose
- Colorant blanc (facultatif)

Matériel

- Couteau à génoise
- Pinceau alimentaire (ou pipette)
- Poche à douille
- Plateau tournant
- Spatule
- Palette
- Rodhoid®
- Tapis en silicone
- Rouleau
- Cutter

ÉTAPE 1
LA GÉNOISE, LA CRÈME, LA GANACHE ET LE SIROP

Préparez les éléments du gâteau en suivant les recettes indiquées.

ÉTAPE 2

LA FORME

Découpez le gâteau à l'aide de votre couteau à génoise, en 3 carrés de taille identique (on en utilisera seulement 2 pour la suite de la recette).

Recoupez 2 carrés en 2 dans la hauteur.

Avec un pinceau ou une pipette, imbibez légèrement de sirop les morceaux de génoise.

Mettez dans une poche à douille la ganache préalablement ramollie, puis réalisez un boudin de ganache sur le rebord du premier carré.

Remplissez l'intérieur avec de la crème Chantilly mascarpone.

Ajoutez du cacao en poudre ou autre topping de votre choix.

Posez au-dessus le 2e carré légèrement imbibé de sirop des deux côtés. Réitérez le même fourrage, et posez le dernier morceau de génoise au-dessus, côté imbibé en dessous.

Mettez au réfrigérateur pour 30 minutes pour que la ganache durcisse.

ÉTAPE 3
LA COUVERTURE GANACHE

Pour lisser le gâteau, votre ganache doit avoir une texture crémeuse (ni trop dure ni trop liquide).

Posez le gâteau sur le plateau tournant, puis étalez grossièrement la ganache sur tous les côtés, puis dessus à l'aide de la spatule en tournant le plateau.

À l'aide de la palette, lissez la ganache de chaque côté en retirant le surplus. (Cette étape est assez délicate, surtout les premières fois.)

Mettez ensuite votre gâteau ganaché au réfrigérateur pour 2 heures minimum.

ÉTAPE4
LA COUVERTURE PÂTE À SUCRE

Sortez votre gâteau du réfrigérateur. Préparez un boudin en pâte à sucre marron, puis posez-le à l'horizontale au-dessus du gâteau.

Étalez ensuite un petit morceau de pâte à sucre marron (assez épais), puis découpez-y une lamelle de la largeur du boudin, d'environ 1,5 cm de hauteur.

Faites une fente au milieu du boudin, imbibez d'un peu d'eau et insérez la lamelle.

Étalez un premier grand morceau de pâte à sucre marron. Découpez un rectangle de la même largeur que le boudin et légèrement plus long que la hauteur du gâteau.

Collez-le sur la première face du gâteau en partant du dessous de la lamelle. Étalez au lisseur la partie de la pâte qui repose directement sur le gâteau. Renouvelez l'opération pour le dos de la brique.

Mesurez la largeur des côtés (même si on réalise un gâteau carré, les mesures ne sont généralement pas exactement les mêmes pour chaque face).

Réalisez les 2 autres côtés de la brique de la même façon en étalant la pâte et en la découpant aux bonnes dimensions. Cette fois, déposez chaque côté en commençant par le bas et lissez la pâte en remontant vers le haut.

Découpez au cutter les angles qui dépassent sur les côtés. Tracez quelques traits à l'aide de la palette aux arêtes pour donner du relief.

ÉTAPE 5
L'ÉTIQUETTE

Réalisez l'étiquette avec de la pâte à sucre blanche. Étalez celle-ci sur le tapis en silicone. Mesurez le tour de votre brique, découpez une bandelette blanche à cette mesure (pour la hauteur, comptez environ 4 cm).

ÉTAPE6

LES FINITIONS

Collez délicatement cette étiquette en pâte à sucre sur le gâteau légèrement humidifié pour qu'elle puisse adhérer.

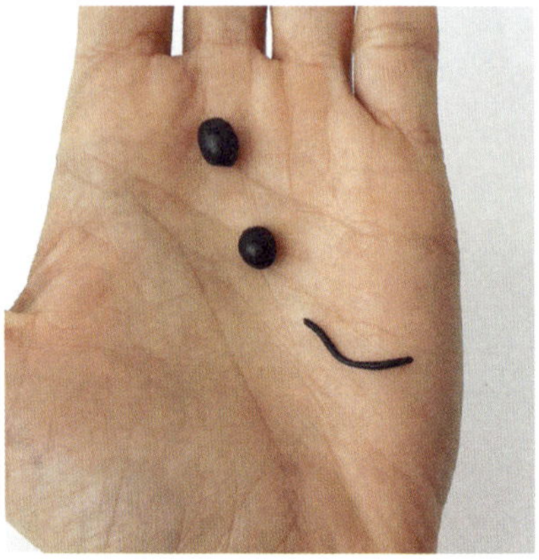

Préparez 2 petites boules de pâte à sucre noire pour les yeux, ainsi qu'1 fin boudin noir pour la bouche.

Collez ces éléments, côte à côte, au milieu de l'étiquette. Pour éclairer les yeux, collez à l'intérieur 2 mini-boules de pâte à sucre blanche.

Avec des emporte-pièces lettres ou un pinceau et du colorant blanc, vous pouvez inscrire « MILK » ou « LAIT » sur la brique au-dessus de l'étiquette.

Réalisez ensuite 2 petites boules roses pour les joues et collez-les sous les yeux. Enfin, collez 1 petite boule de pâte à sucre marron sur le dessus de la brique.

Plantez-y une paille.

Conservez les chutes de génoise pour réaliser vos popcakes, verrines… Ou bien trempez-les dans le chocolat chaud du matin !

Votre brique de lait kawaii est désormais prête à être bue… euh, mangée !

Milk

GÂTEAU KITTY

Niveau : 

Ingrédients

Pour 1 Kitty de 18 cm de haut et 14 cm de large environ
Préparation : 3 h
Réfrigération : 3 h

Pour le gâteau :

- 2 Molly cakes demi-sphère de 10 cm de diamètre (recette p. 21)
- 1 Molly cake haut de 12 cm de diamètre
- 500 g de ganache chocolat noir (recette p. 23)
- 70 g de sirop d'imbibage (recette p. 25)
- Spéculoos

Pour Kitty :

- 250 g de pâte à sucre blanche
- 200 g de pâte à sucre rose foncé (robe et nœud)
- 100 g de pâte à sucre rose clair
- 10 g de pâte à sucre noire
- Un peu de pâte à sucre jaune

Matériel

- Couteau à génoise
- Plateau tournant
- Pinceau alimentaire (ou pipette)
- Poche à douille
- Pique en bois (ou tige en plastique)
- Spatule
- Rodhoid®
- Tapis en silicone
- Rouleau
- Emporte-pièce de 3 cm de diamètre
- Cutter
- Lisseur
- Stylet rond
- Stylet arc de cercle

ÉTAPE 1
LES MOLLY CAKES, LA GANACHE ET LE SIROP

Préparez les éléments du gâteau en suivant les recettes indiquées.

ÉTAPE 2
LE MONTAGE

Découpez les Molly cakes demi-sphères en deux et le Molly cake haut en 3 morceaux dans la hauteur avec un long couteau à génoise. Gardez la demi-sphère pour la tête.

Posez le premier morceau de 12 cm sur le plateau tournant et imbibez-le légèrement de sirop sur le dessus.

Transférez la ganache ramollie (mais pas liquide) dans une poche à douille, pochez en escargot sur le gâteau.

Puis ajoutez un peu de spéculoos émietté et une touche de caramel.

Imbibez de sirop un autre morceau de Molly cake, des deux côtés, et déposez-le par-dessus.

Ajoutez par-dessus un peu de spéculoos émietté et une touche de caramel, puis posez le dernier morceau de Molly cake, imbibé de sirop seulement sur le dessous.

Placez au réfrigérateur pour 20 minutes pour que la ganache durcisse.

ÉTAPE 3

LA FORME

Récupérez votre gâteau, puis sculptez le corps en forme de cône, en découpant en biais tout autour du gâteau, de haut en bas.

Plantez au centre une pique en bois ou une tige en plastique pour accueillir la tête.

Déposez un peu de ganache sur le bâton pour y faire adhérer les gâteaux du dessus.

ÉTAPE 4
LA TÊTE DE KITTY

Vous pouvez imbiber de sirop les deux parties du milieu, mais pas les deux plus petites à chaque extrémité, car elles risqueraient de trop se ramollir.

Plantez 1 morceau de Molly cake demi-sphère à l'envers, sur le bâton.

Garnissez le dessus avec une légère couche de ganache pochée en escargot, puis ajoutez un peu de spéculoos émietté et une pointe de caramel.

Réitérez l'opération trois fois, en plaçant vos Molly cake dans l'ordre pour réaliser une forme ronde.

Mettez ensuite votre gâteau au réfrigérateur pour 30 minutes.

ÉTAPE 5
LA COUVERTURE GANACHE

À l'aide d'une spatule, étalez grossièrement la ganache sur tout le gâteau.

Coupez un morceau de Rhodoïd® et lissez le gâteau avec en enlevant le surplus de ganache et en épousant les formes du gâteau.

Mettez le tout au réfrigérateur 2 heures minimum. Le gâteau doit être assez dur pour pouvoir ensuite le travailler avec la pose de la pâte à sucre.

ÉTAPE 6
LA COUVERTURE PÂTE À SUCRE

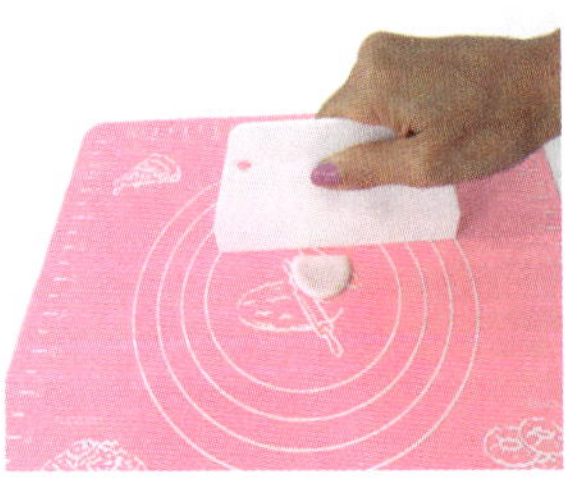

Sur le tapis en silicone, étalez un petit morceau de pâte à sucre rose clair.

Découpez-y un demi-cercle que vous poserez au niveau du cou de Kitty.

Étalez ensuite la pâte à sucre rose foncé et faites un demi-cercle sur le milieu de la partie supérieure.

Placez le bandeau de pâte à sucre rose foncé sur le corps de Kitty, en faisant se superposer le demi-cercle rose clair avec le demi-cercle rose foncé, et collez délicatement les deux extrémités de pâte à sucre à l'arrière.

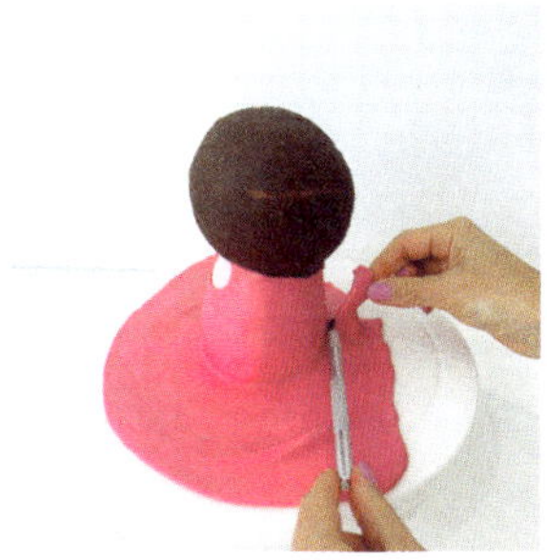

Puis coupez proprement l'excédent au cutter ou aux ciseaux de cuisine.

ÉTAPE 7
LA TÊTE DE KITTY

Étalez la pâte à sucre blanche, puis enroulez-la délicatement de la face vers l'arrière autour de la tête de Kitty.

Resserrez les deux extrémités au-dessus de la tête, en descendant jusqu'au cou. Puis découpez-la au cutter proprement, pour enlever le surplus. Vous pouvez aussi passer un coup de lisseur sur la démarcation. Faites une découpe au niveau du cou si besoin.

> ***Mettez votre gâteau au frais le temps de réaliser les décorations.***

ÉTAPE 8
LES DÉTAILS EN PÂTE À SUCRE

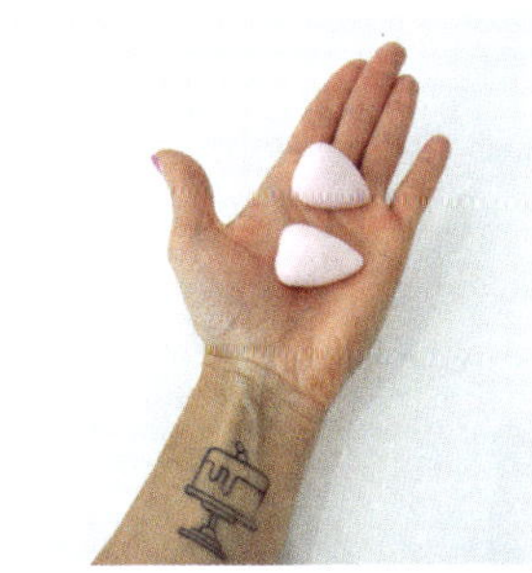

Pour les bras, façonnez 2 boules de pâte à sucre rose clair de 3 cm de diamètre environ, modelez-les en forme de cône et aplatissez le côté le plus large.

Pour les mains, étalez la pâte à sucre blanche de façon assez épaisse, et découpez à l'aide de l'emporte-pièce 2 disques légèrement plus gros que les cônes.

Réalisez 2 petites boules de pâte à sucre blanche et collez-les sur le côté externe des disques, pour les pouces. Mettez ces éléments de côté.

Pour les jambes, réalisez 2 boules blanches, un peu plus grosses que les mains. Aplatissez-les légèrement et réservez.

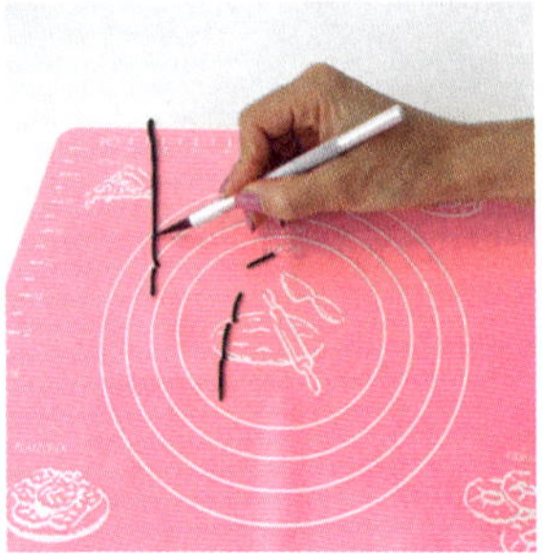

Pour les moustaches, réalisez 3 fins boudins de pâte à sucre noire de même taille et laissez-les sécher.

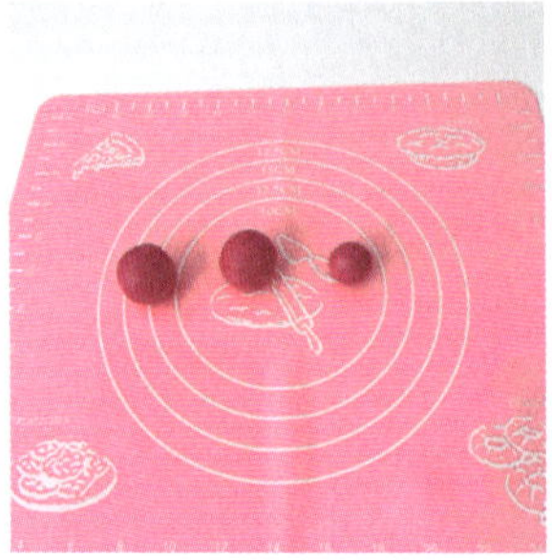

Pour le nœud, faites 2 boules rose foncé de 3 cm de diamètre environ et 1 légèrement plus petite.

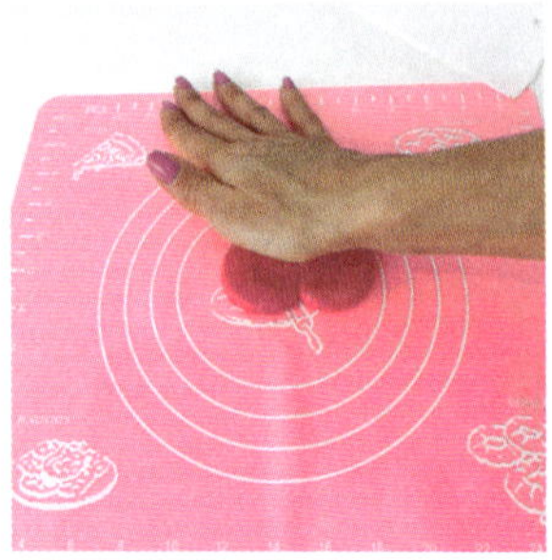

Aplatissez les 2 boules rose foncé de même taille côte à côte.

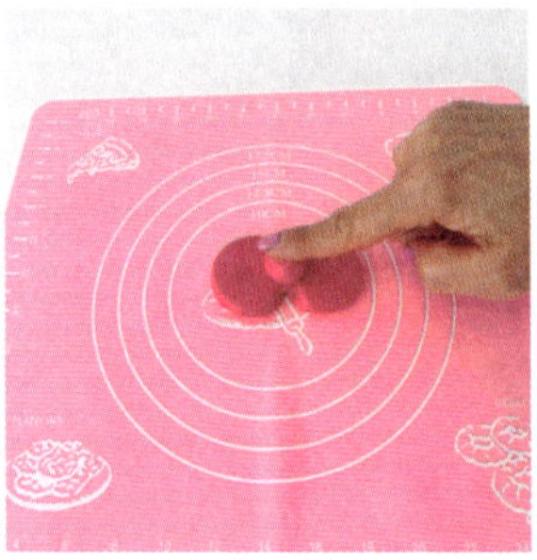

Appuyez au milieu avec le stylet rond, puis déposez-y la petite boule rose foncé, pincez le milieu avec les index. Faites deux petites marques au stylet arc de cercle de chaque côté.

Déposez ensuite tous les éléments à leur emplacement comme sur les photos, vous pouvez mettre une goutte d'eau pour les faire adhérer au gâteau.

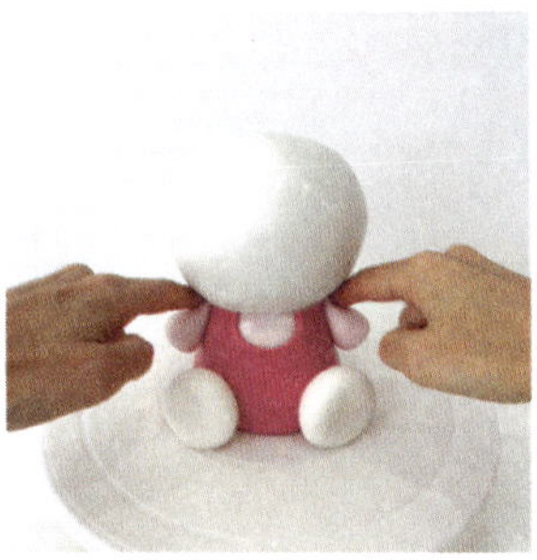

Commencez par les pieds, puis les bras de chaque côté du tronc.

Ajoutez les mains dans le prolongement (si celles-ci ont du mal à tenir, n'hésitez pas à utiliser un cure-dent pour les planter).

Pour les oreilles, aplatissez 2 boules blanches de 2 cm de diamètre environ et pincez-les d'un côté.

Fixez-les sur la tête de façon à former de beaux triangles

Posez enfin 3 moustaches de chaque côté du museau.

Pour finir, préparez 1 petite boule de pâte à sucre jaune, déposez-la au milieu du visage, puis 2 boules noires ovales que vous collerez de chaque côté du nez, assez espacées.

GÂTEAU PIKACHU

Niveau :

Ingrédients

Pour 1 Pikachu de 28 cm de haut et 14 cm de large environ
Préparation : 2 h 30
Réfrigération : 1 h 30

Pour le gâteau :

- 4 génoises (recette p. 20)
- 650 g de ganache chocolat au lait (recette p. 23)
- 110 g de sirop d'imbibage (recette p. 25)
- Nutella®

Pour Pikachu :

- 700 g de pâte à sucre jaune
- 50 g de pâte à sucre noire
- 10 g de pâte à sucre rouge
- Un peu de pâte à sucre blanche

Matériel

- Couteau à génoise
- Plateau tournant
- Pinceau alimentaire (ou pipette)
- Poche à douille
- Pique en bois (ou tige en plastique)
- Spatule
- Rodhoid®
- Tapis en silicone
- Rouleau
- Gabarits d'oreilles et de queue (voir modèles p. 174)
- Cutter
- Lisseur
- Emporte-pièce de 2 cm de diamètre
- Stylet droit
- Cure-dents

ÉTAPE 1
LES GÉNOISES, LA GANACHE ET LE SIROP

Préparez les éléments du gâteau en suivant les recettes indiquées.

ÉTAPE 2
LE MONTAGE

Découpez en deux vos 4 génoises avec le couteau à génoise pour obtenir des morceaux de 12 cm de diamètre et de 2 cm de hauteur.

Posez 1 morceau sur le plateau tournant et imbibez-le de sirop à l'aide d'un pinceau.

Remplissez une poche à douille avec la ganache chocolat et pochez-la en escargot sur la génoise.

Ajoutez au milieu 1 cuillerée à café de Nutella®.

Réitérez la même opération six fois, en faisant une pause aux trois quarts du montage pour y planter un bâton en plastique qui maintiendra droit le gâteau.

Une fois les 7 gâteaux superposés et fourrés, mettez le tout au réfrigérateur pour 1 heure pour que la ganache durcisse.

ÉTAPE 3
LA FORME

Avec le couteau à génoise, taillez votre forme : coupez en biais le plus haut des bords des gâteaux pour obtenir un arrondi.

Creusez, au milieu des gâteaux, pour créer l'espace entre la tête et le corps.

Sculptez une forme de cône pour le corps de Pikachu, en taillant de haut en bas, couteau en biais. (Cette étape peut être longue, n'hésitez pas à prendre le temps de retailler les détails de la forme.)

Placez au réfrigérateur quelques minutes si besoin.

ÉTAPE 4
LA COUVERTURE GANACHE

Mettez le gâteau quelques minutes au réfrigérateur le temps de réaliser les éléments en pâte à sucre.

Ramollissez la ganache, puis étalez-la grossièrement avec une spatule sur tout le gâteau.

Coupez un morceau de Rhodoïd® et lissez le gâteau en enlevant le surplus de ganache et en épousant les formes de Pikachu.

Prenez 50 g de pâte à sucre, peu importe la couleur, formez une boule ovale, aplatissez-la, puis collez-la au niveau du museau. Recouvrez de ganache, puis lissez.

ÉTAPE 5

LES OREILLES ET LA QUEUE DE PIKACHU

Pour une meilleure tenue, je vous conseille de les laisser sécher plusieurs heures, ou encore mieux, de les réaliser la veille.

Sur le tapis en silicone, étalez la pâte à sucre jaune assez épaisse (2 mm).

Préparez les gabarits en papier pour les oreilles (12 cm de haut et 4 cm de large), ainsi que pour la queue (13 cm de haut et 8 cm ou plus large). Découpez alors vos formes à l'aide de vos gabarits.

Étalez 2 fins morceaux de pâte à sucre noire, découpez-les en forme de triangle, et déposez-les en biais au bout de chaque oreille, puis laissez sécher.

ÉTAPE 6

LA COUVERTURE PÂTE À SUCRE

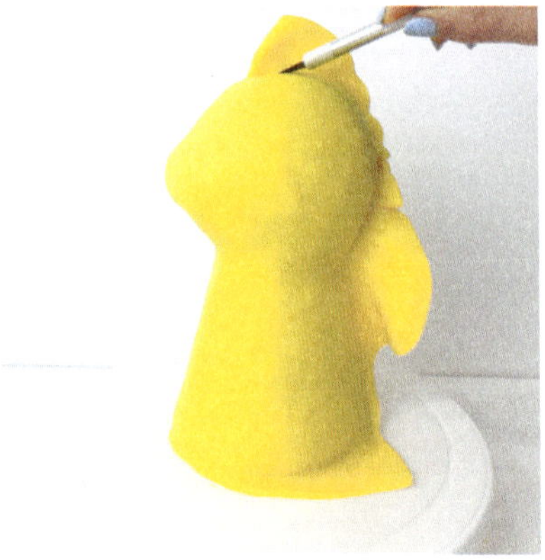

Étalez environ 400 g de pâte à sucre jaune, puis collez-la sur le gâteau, de la face vers le dos. Serrez avec vos doigts la pâte à sucre derrière le gâteau, puis découpez proprement l'excédent au cutter.

Lissez ensuite le tout au lisseur.

Si vous n'arrivez pas à étaler la pâte à sucre entièrement sur votre gâteau, n'hésitez pas à le faire en plusieurs fois : d'abord la tête, puis le corps, car cette étape est assez difficile.

ÉTAPE 7
LA TÊTE DE PIKACHU

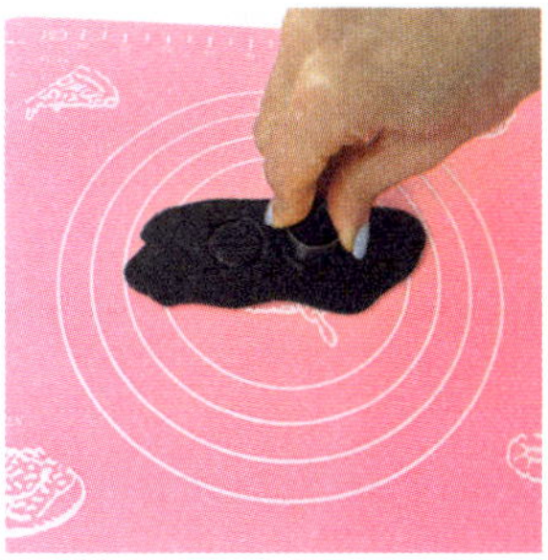

À l'aide de l'emporte-pièce, découpez 2 petits disques de pâte à sucre noire pour les yeux.

Faites de même pour les joues avec la pâte à sucre rouge.

Puis déposez ces éléments sur le visage : les yeux assez espacés, puis les joues en dessous de chaque œil. Réalisez 1 minuscule boule noire pour le nez. Posez-le au milieu du visage, puis réalisez ensuite 1 fin boudin noir pour la bouche et déposez-le sous le nez en suivant la forme des babines.

Collez 2 mini-boules de pâte à sucre blanche et 2 plus petites à l'intérieur des yeux (les grosses boules vers l'intérieur, les petites vers l'extérieur).

ÉTAPE 8
LES PATTES ET LES FINITIONS

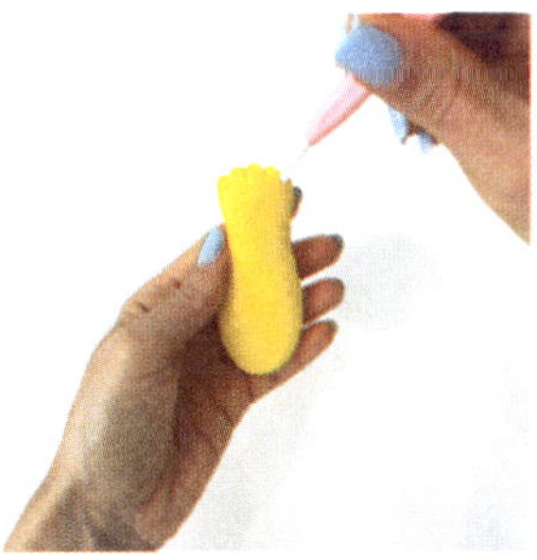

Préparez 4 grosses boules de pâte à sucre jaune, 2 de 50 g et 2 de 20 g, puis modelez-les en boudins. Pour les pattes avant (50 g), pincez l'extrémité entre le pouce et l'index, puis faites au bout quatre encoches au stylet.

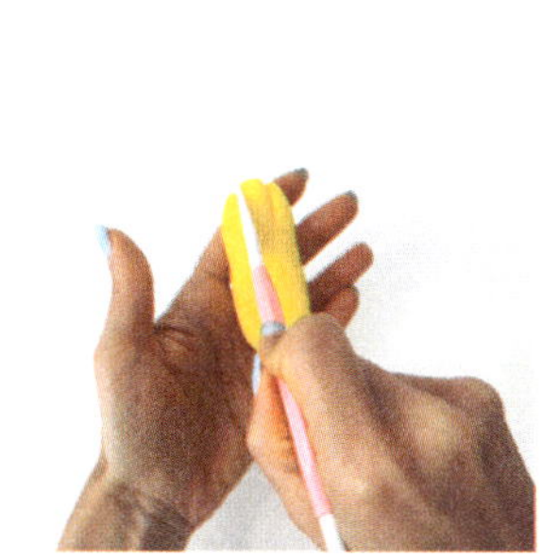

Pour les pattes arrière (20 g), aplatissez vos boudins, puis faites deux encoches au bout.

Collez les pattes sur le bas du gâteau, ainsi que la queue dans le dos (faites-la tenir à l'aide d'un cure-dent si besoin).

Puis plantez les oreilles de Pikachu à l'aide des cure-dents.

Remettez directement le gâteau au réfrigérateur pour figer le tout.

GÂTEAU TORTUE KAWAII

Niveau :

Ingrédients

Pour 1 tortue de 17 cm de haut et 20 cm de large environ
Préparation : 2 h
Réfrigération : 1 h 20

Pour le gâteau :

- ★ 1 génoise (recette p. 20)
- ★ 200 g de ganache chocolat (recette p. 23)
- ★ 50 g de sirop d'imbibage (recette p. 25)

Pour la tortue :

- ★ 490 g de pâte à sucre vert clair
- ★ 400 g de pâte à sucre marron foncé
- ★ 100 g de pâte à sucre marron clair
- ★ 20 g de pâte à sucre rose
- ★ 10 g de pâte à sucre noire
- ★ 10 g de pâte à sucre vert foncé
- ★ Un peu de pâte à sucre blanche
- ★ Un peu de pâte à sucre bleue
- ★ Colorant alimentaire marron
- ★ Biscuits type Petit Beurre®

Matériel

- ★ Couteau à génoise
- ★ Pinceau alimentaire
- ★ Poche à douille
- ★ Spatule
- ★ Plateau tournant
- ★ Rodhoid®
- ★ Tapis en silicone
- ★ Rouleau
- ★ Lisseur
- ★ Cutter
- ★ Emporte-pièce hexagonal (ou gabarit p. 175)
- ★ Stylet droit
- ★ Emporte-pièce rond de 3 cm de diamètre
- ★ Stylet rond
- ★ Cure-dents

ÉTAPE 1
LA GÉNOISE, LA GANACHE ET LE SIROP

Préparez les éléments du gâteau en suivant les recettes indiquées.

ÉTAPE 2
LA FORME

Laissez reposer au réfrigérateur 30 minutes.

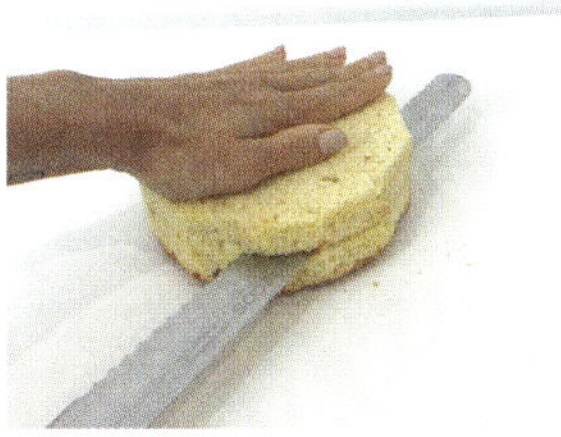

Coupez votre génoise en 2 dans la hauteur à l'aide d'un couteau à génoise.

Imbibez-la légèrement avec le sirop à l'aide d'une pipette ou d'un pinceau large.

Sur le socle de la génoise, dressez de la ganache chocolat, avec une poche à douille ou une spatule, puis lissez.

Recouvrez avec la deuxième partie du gâteau et aplatissez légèrement.

Reprenez votre gâteau et, à l'aide du couteau à génoise, coupez les angles du dessus pour obtenir une demi-sphère.

Ramollissez le reste de ganache, puis étalez-la grossièrement avec une spatule sur tout le gâteau.

Pour plus de facilité, placez le gâteau sur le plateau tournant et lissez ensuite la ganache sur le gâteau à l'aide de Rhodoid®.

Puis remettez le gâteau encore 30 minutes au réfrigérateur.

ÉTAPE 3
LE CORPS DE LA TORTUE

Étalez la pâte à sucre marron foncé sur le tapis en silicone à l'aide du rouleau.

Déposez-la délicatement sur le gâteau demi-sphère.

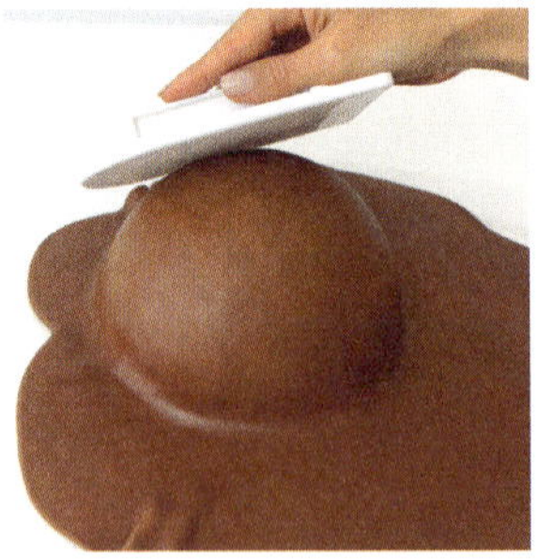

Utilisez un lisseur pour faire adhérer la pâte à sucre, ainsi que pour enlever les bulles d'air.

Coupez l'excédent de pâte à sucre autour du gâteau à l'aide du bord du lisseur ou d'un cutter.

Étalez la pâte à sucre marron clair et, avec l'emporte-pièce « ballon de football », créez les 6 écailles de la tortue.

Vous pouvez aussi utilisez les gabarits p. 175. Disposez-les, une sur le dessus, puis les 5 autres autour.

Sur chaque écaille, dessinez des spirales avec un pinceau et du colorant marron foncé.

Réalisez un boudin assez épais pour le cou avec un morceau de pâte à sucre vert clair.

Étalez un autre morceau de pâte à sucre vert clair assez épais, et découpez 4 formes triangulaires de même taille (environ 5 cm de longueur) pour réaliser les pattes de la tortue (ou utilisez les gabarits p. 175).

Faites de petites boules de pâte à sucre marron foncé (de 3 cm de large et 1 cm de hauteur) et disposez-les tout autour de la carapace.

ÉTAPE 4
LA TÊTE DE LA TORTUE

Façonnez une grosse boule de pâte à sucre vert clair (200 g environ) et aplatissez-la légèrement avec la paume de votre main.

Marquez la forme d'un des deux yeux avec le bout de votre rouleau.

Pour le second œil, tracez un trait légèrement arrondi avec le stylet droit pour faire le clin d'œil, puis déposez 1 fin boudin de pâte à sucre noire ainsi que 2 boudins plus petits pour les cils.

Découpez, à l'aide d'un emporte-pièce rond de 3 cm de diamètre, un disque de pâte à sucre blanche pour l'œil, puis déposez-le dans le trou.

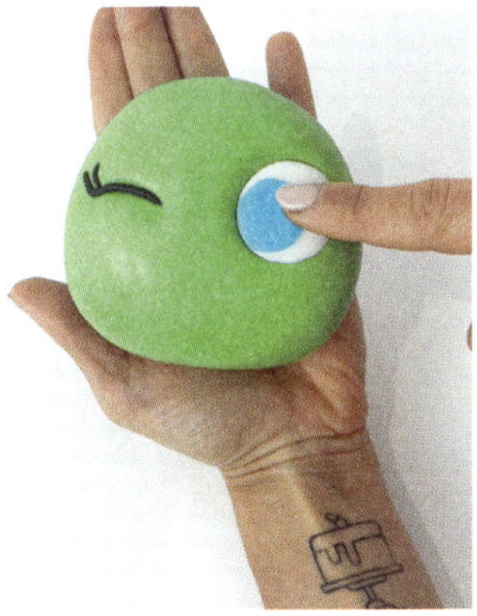

Placez 1 mini-boule de pâte à sucre bleue sur le coin interne de l'œil en tapotant avec votre doigt pour le fixer.

Façonnez une autre boule de pâte à sucre noire plus petite et déposez-la par-dessus. Puis avec de fins boudins de pâte à sucre noire, réalisez le contour de l'œil droit, les cils, les sourcils ainsi que la bouche.

Si les détails ont du mal à coller, vous pouvez ajouter un peu d'eau au pinceau pour les faire adhérer.

Façonnez 2 petits ovales en pâte à sucre rose pour les joues et déposez-les délicatement avec le bout des doigts.

Placez la tête de la tortue sur le gâteau (faites-la tenir à l'aide de cure-dents).

Mettez le gâteau au réfrigérateur pour 20 minutes pour que le tout fige.

ÉTAPE 5

LES FINITIONS

Façonnez un petit cône de pâte à sucre vert clair pour la queue et fixez-le à l'arrière de la tortue avec un peu d'eau.

Pour le nœud, façonnez un petit triangle en pâte à sucre rose, tracez des traits à l'aide du stylet droit pour donner du relief et déposez le triangle sur la tête de votre tortue.

Ajoutez un deuxième triangle juste à côté, ainsi qu'1 mini-boule au milieu. Appuyez dessus avec le stylet rond pour la faire tenir.

Réalisez un petit boudin en pâte à sucre noire pour les cheveux, et déposez-le au-dessus du nœud (vous pouvez le faire adhérer avec une pointe d'eau).

Réalisez plusieurs mini-boules de pâte à sucre vert foncé de tailles différentes. Déposez-les en les écrasant légèrement avec votre doigt sur le front, le cou et les pattes de la tortue.

Enfin, mixez les biscuits à l'aide d'un blender, ou émiettez-les simplement avec vos doigts. Déposez ce sable comestible autour de la tortue à l'aide d'une cuillère à café.

GÂTEAU PANDA

Niveau :

Ingrédients

Pour 1 gâteau de 20 cm de haut et 12 cm de large environ
Préparation : 3 h
Réfrigération : 3 h

Pour le gâteau :

- 4 Molly cakes de 12 cm de diamètre et 4 cm de hauteur (recette p. 21)
- 600 g de ganache chocolat blanc (recette p. 23)
- 100 g de sirop d'imbibage (recette p. 25)
- Thé matcha

Pour le panda :

- 550 g de pâte à sucre blanche
- 200 g de pâte à sucre noire
- 30 g de pâte à sucre rose
- 1 modelage bubble tea (p. 55)

Matériel

- Couteau à génoise
- Plateau tournant
- Pinceau alimentaire (ou pipette)
- Poche à douille
- Pique en bois (ou tige en plastique)
- Spatule
- Rodhoid®
- Tapis en silicone
- Rouleau
- Lisseur
- Cutter
- Emporte-pièce rond de 3 cm de diamètre ou gabarit (voir modèle p. 175)
- Feutre alimentaire
- Stylet droit
- Stylet rond
- Cure-dents

ÉTAPE 1
LES MOLLY CAKES, LA GÉNOISE ET LE SIROP

Préparez les éléments du gâteau en suivant les recettes indiquées.

ÉTAPE 2
LE MONTAGE

Découpez vos 4 Molly cakes en 2 dans la hauteur avec le couteau à génoise.

Posez 1 premier morceau sur le plateau tournant et imbibez légèrement le dessus de sirop au pinceau ou à la pipette.

Remplissez une poche à douille de ganache chocolat blanc ramollie (celle-ci doit avoir une texture crémeuse) et pochez-la en escargot sur le Molly cake.

Saupoudrez d'un peu de thé matcha (pas trop pour éviter son amertume).

Imbibez de sirop un 2e morceau de Molly cake des deux côtés, puis déposez-le sur le dessus.

Réitérez l'opération six fois, en vous arrêtant aux trois quarts pour insérer un bâton en bois ou en plastique qui permettra de maintenir droit le gâteau. Pour le dernier morceau de Molly cake, n'imbibez que le dessous.

Placez le tout au réfrigérateur pour 1 heure.

ÉTAPE 3
LA FORME

Avec le couteau à génoise, taillez votre forme : coupez en biais le bord du plus haut des gâteaux pour obtenir un arrondi.

Creusez, au milieu des gâteaux, pour créer l'espace entre la tête et le corps. Sculptez une forme de cône pour le corps, en taillant de haut en bas, couteau en biais.

Cette étape peut être longue, n'hésitez pas à prendre le temps de retailler les détails de la forme.

Placez au réfrigérateur quelques minutes si besoin.

ÉTAPE 4
LA COUVERTURE GANACHE

Récupérez votre ganache crémeuse, puis étalez-la grossièrement avec une spatule sur tout le gâteau.

Coupez un morceau de Rhodoïd® et lissez le gâteau en enlevant le surplus de ganache et en épousant les formes du panda.

Prenez 50 g de pâte à sucre blanche, formez une boule ovale, aplatissez-la, puis collez-la au niveau du museau.

Placez au réfrigérateur pour 2 heures minimum.

ÉTAPE 5
LA COUVERTURE PÂTE À SUCRE

Étalez environ 500 g de pâte à sucre blanche, puis déposez-la très délicatement sur le gâteau, de la face vers le dos.

Si vous n'arrivez pas à étaler la pâte à sucre entièrement sur votre gâteau, n'hésitez pas à le faire en plusieurs fois : d'abord la tête, puis le corps, car cette étape est assez difficile.

Serrez avec vos doigts la pâte à sucre derrière le gâteau, puis découpez proprement l'excédent au cutter. Lissez ensuite le tout au lisseur.

ÉTAPE 6
LA TÊTE DU PANDA

Étalez la pâte à sucre noire et découpez 2 disques à l'emporte-pièce pour les yeux.

Étirez-les légèrement dans la longueur. (ou utilisez le gabarit p. 175)

Posez-les, légèrement en biais, sur le milieu de la tête.

Ajoutez à l'intérieur de chaque œil 4 boules de pâte à sucre blanche en diagonale : 2 grosses vers l'intérieur et 2 plus petites vers l'extérieur. Pour le nez, réalisez 1 petite boule noire et posez-la entre les yeux.

Pour la bouche, faites 1 boudin de pâte à sucre noire et placez-le sous le nez en faisant deux arcs de cercle ou dessinez-la à l'aide d'un feutre alimentaire.

Pour les oreilles, façonnez 2 boules de pâte à sucre noire d'environ 15 g chacune et aplatissez-les.

Façonnez 2 boules de pâte à sucre rose plus petites que vous placerez à l'intérieur. Coupez un bord net.

Collez les oreilles sur le gâteau avec un peu d'eau. Puis réalisez 2 petites boules roses et aplatissez-les sous les yeux pour les joues.

ÉTAPE 7
LES PIEDS ET LES BRAS DU PANDA

Façonnez 2 boules de 40 g de pâte à sucre noire pour chaque pied et aplatissez-les. Réalisez 8 mini-boules roses, pour les coussinets. Collez-les sous chaque pied : 1 en bas et 3 au-dessus en arc de cercle.

Déposez les pieds en bas du corps, de chaque côté.

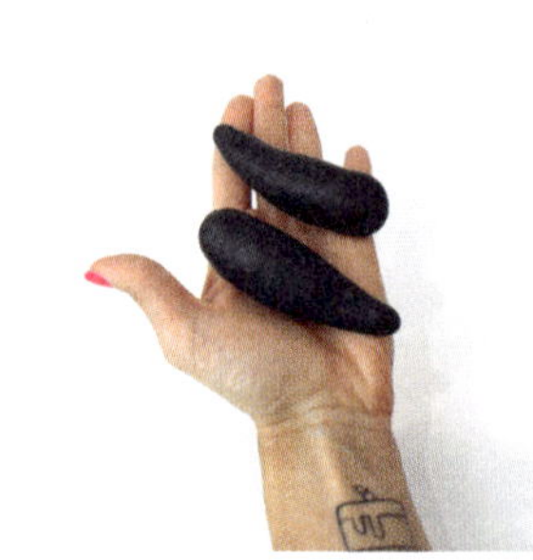

Pour les bras, réalisez 2 cônes de pâte à sucre noire d'environ 40 g chacun.

Puis fixez les bras de chaque côté du modelage.

ÉTAPE 8
LES FINITIONS

Posez votre modelage bubble tea entre les pieds du panda à l'aide d'un peu d'eau. Calez la paille au niveau de la bouche du panda, sous les babines.

Pour recouvrir ce genre de gâteau, il vous faudra une pâte à sucre de qualité, qui ne craque pas. Optez pour la marque Smartflex®, ou The Sugar Paste®.

LUFFY CAKE

Niveau :

Ingrédients

Pour 1 gâteau de 26 cm de haut et 18 cm de large environ
Préparation : 3 h
Réfrigération : 4 h 15

Pour le gâteau :

- 3 génoises de 12 cm de diamètre et 4 cm de hauteur (recette p. 20)
- 600 g de ganache chocolat noir (recette p. 23)
- 100 g de sirop d'imbibage (recette p. 25)
- Smarties®

Pour Luffy :

- 350 g de pâte à sucre beige
- 450 g de pâte à sucre jaune
- 250 g de pâte à sucre rouge
- 200 g de pâte à sucre noire
- 35 g de pâte à sucre blanche
- 150 g de pâte à sucre de couleur quelconque pour le cou
- Colorant alimentaire rouge

Matériel

- Couteau à génoise
- Plateau tournant
- Pinceau alimentaire (ou pipette)
- Poche à douille
- Pique en bois (ou tige en plastique)
- Spatule
- Rodhoid®
- Tapis en silicone
- Rouleau
- Lisseur
- Gabarit de bouche (voir modèle p. 175)
- Cutter
- Stylet droit

ÉTAPE 1
LES GÉNOISES, LE SIROP ET LA GANACHE

Préparez les éléments du gâteau en suivant les recettes indiquées.

ÉTAPE 2
LE MONTAGE

Découpez les génoises en 2 dans la hauteur avec le couteau à génoise.

Posez un premier morceau sur le plateau tournant et imbibez légèrement le dessus de sirop au pinceau ou à la pipette.

Remplissez une poche à douille de ganache chocolat noir ramollie (celle-ci doit avoir une texture crémeuse) et pochez-la en escargot dessus.

Insérez quelques Smarties® pour donner du croquant et du gourmand.

Imbibez de sirop un deuxième morceau de génoise, juste le dessous et très légèrement pour ne pas ramollir le gâteau. Posez-le sur le premier. Plantez au centre un bâton en bois ou en plastique qui permettra de maintenir droit le gâteau, puis placez-le 15 minutes au réfrigérateur.

Avec 150 g de pâte à sucre de couleur quelconque, réalisez le cou au-dessus du premier gâteau.

Déposez dessus un nouveau morceau de génoise, sans l'imbiber car c'est lui qui tiendra la tête.

Déposez un peu de ganache chocolat noir à l'aide de la poche à douille, puis quelques Smarties®.

Réitérez l'opération trois fois en imbibant légèrement les génoises du milieu. Mettez votre gâteau au réfrigérateur pour 2 heures minimum.

ÉTAPE 3
LA FORME

Récupérez votre gâteau bien frais et, à l'aide du couteau à génoise, coupez les deux côtés à la verticale, puis la face.

Arrondissez les angles, en découpant en biais les côtés de la tête.

Pour l'arrière, découpez en biais, de bas en haut, le premier quart inférieur, puis arrondissez les angles des deux côtés.

Découpez ensuite sur la face le haut de la dernière génoise.

Découpez en biais le buste, face avant et face arrière en affinant le haut.

Pour les côtés, faites l'inverse : découpez en biais en affinant le bas. Arrondissez les angles aux épaules

Placez le gâteau quelques minutes au réfrigérateur.

ÉTAPE 4

LA COUVERTURE GANACHE

Récupérez votre ganache crémeuse, puis étalez-la grossièrement avec une spatule sur tout le gâteau.

Coupez un morceau de Rhodoïd® et lissez le gâteau en enlevant le surplus de ganache et en épousant les formes.

Placez au réfrigérateur pour 2 heures minimum. Le mieux est de réaliser cette étape la veille et de le laisser figer au frais la nuit entière.

ÉTAPE 5

LA TÊTE

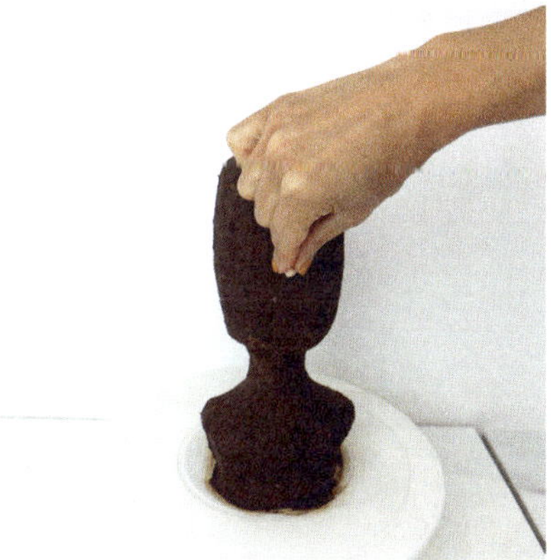

Récupérez la pâte à sucre beige. Modelez un petit morceau en triangle pour le nez, et posez-le au milieu de la tête.

Réalisez un triangle beaucoup plus gros et déposez-le en bas de la tête pour le menton.

Façonnez 2 petits boudins pour les yeux et placez-les de chaque côté du nez.

Placez ensuite 2 carrés de pâte à sucre aplatis sur le coin externe supérieur au niveau du buste pour les muscles de Luffy.

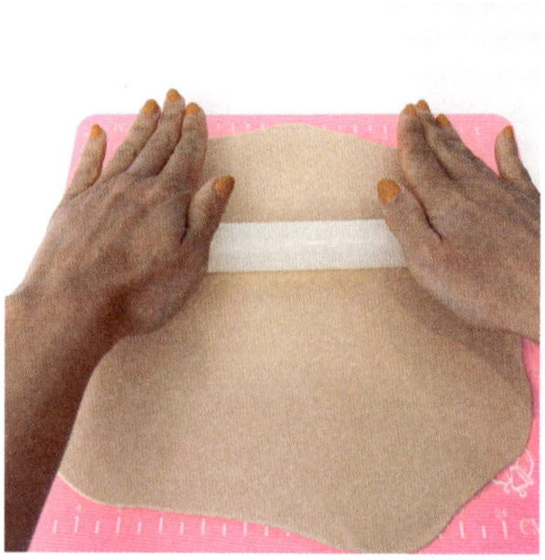

Étalez le reste de pâte à sucre beige en mettant de côté 2 boules de 15 g chacune pour les oreilles.

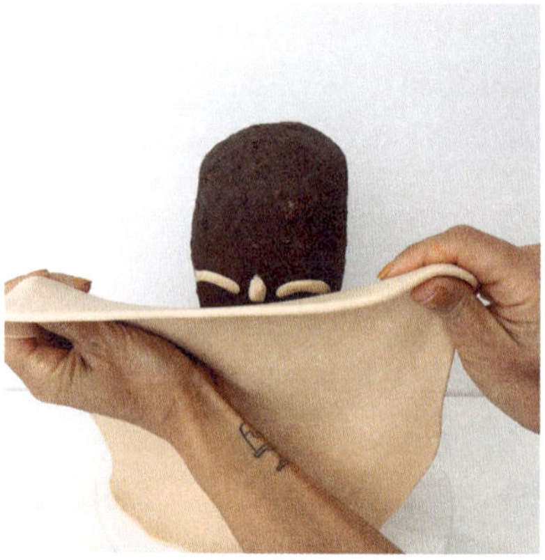

Déposez la pâte à sucre sur tout le visage, le cou et le buste.

Il est possible, pour plus de facilité, de recouvrir le gâteau en deux fois : une partie pour la tête et une autre pour le cou et le buste.

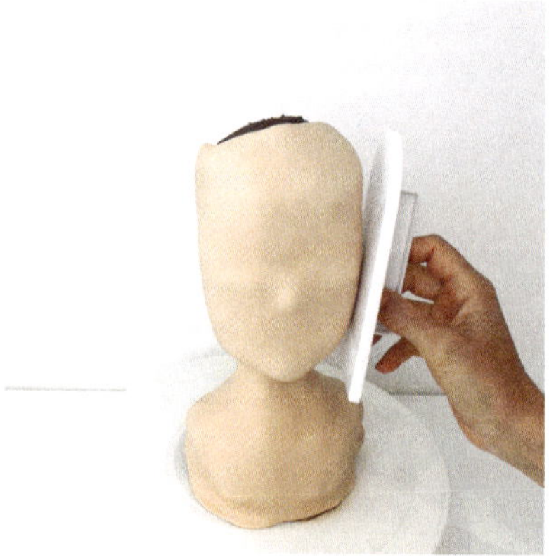

Coupez l'excédent au cutter et lissez au lisseur pour bien faire adhérer la pâte à sucre au gâteau.

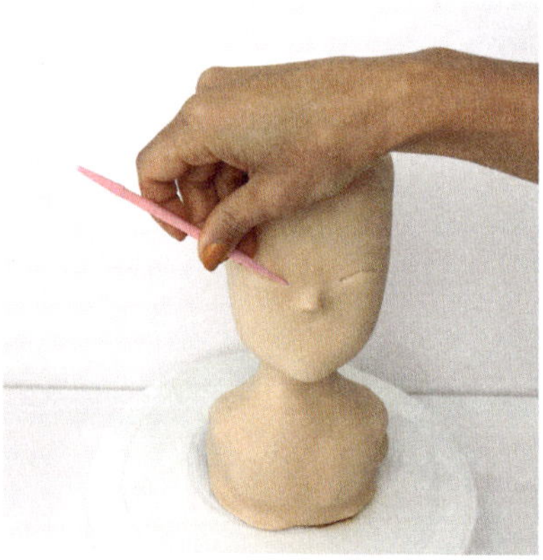

Au stylet, tracez les yeux au niveau des boudins de pâte à sucre.

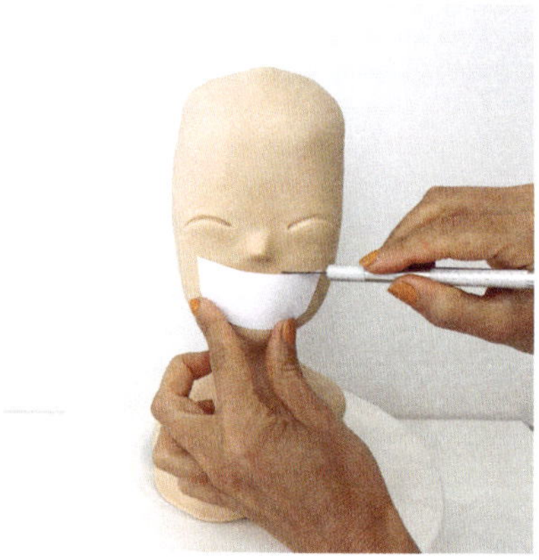

À l'aide du gabarit et du cutter, découpez la bouche sur le visage.

Puis avec le même gabarit, découpez la bouche dans la pâte à sucre blanche étalée.

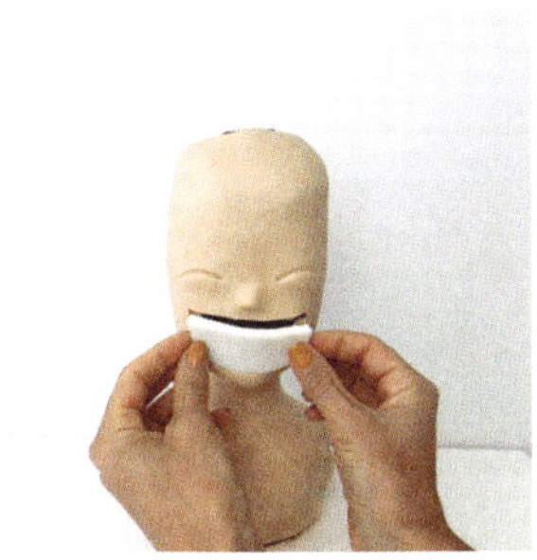

Collez-la sur le gâteau.

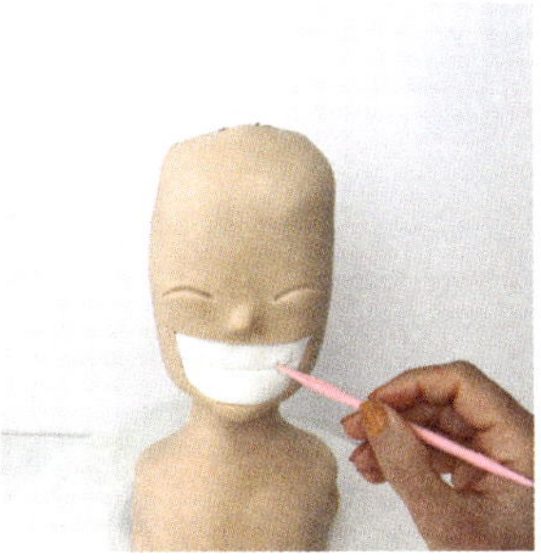

Au stylet, tracez les marques des dents.

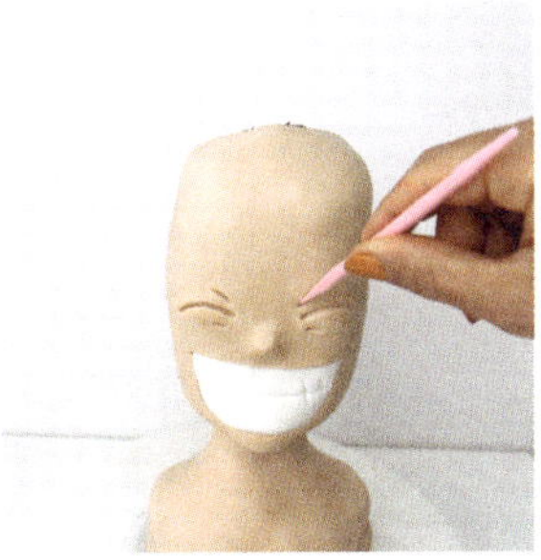

Puis tracez les plis autour des yeux.

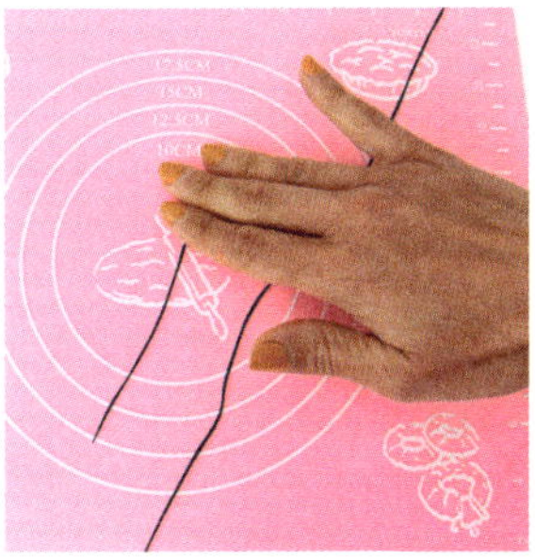

Préparez plusieurs fins boudins de pâte à sucre noire pour réaliser les contours ainsi que la cicatrice de Luffy.

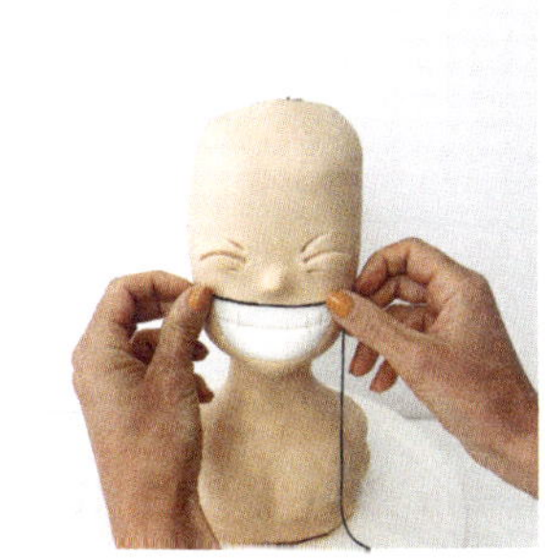

Humidifiez à l'aide d'un pinceau et d'un peu d'eau les traces réalisées au stylet, puis insérez-y les fins boudins noirs.

ÉTAPE 6
LES OREILLES

Avec les morceaux de pâte à sucre beige réservés, formez 2 boules que vous aplatirez au milieu avec votre index. Avec le stylet, réalisez quelques traces : une légèrement arrondie qui suit la forme de l'oreille, une autre petite au milieu ainsi qu'un arc de cercle vers le bas.

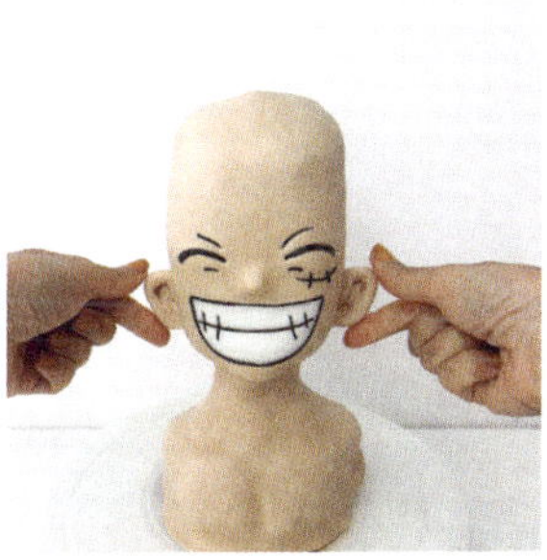

Déposez-les ensuite sur votre gâteau, au même niveau que le sourire avec un peu d'eau.

Si les oreilles ne tiennent pas, n'hésitez pas à ajouter deux cure-dents.

ÉTAPE 7
LE BUSTE

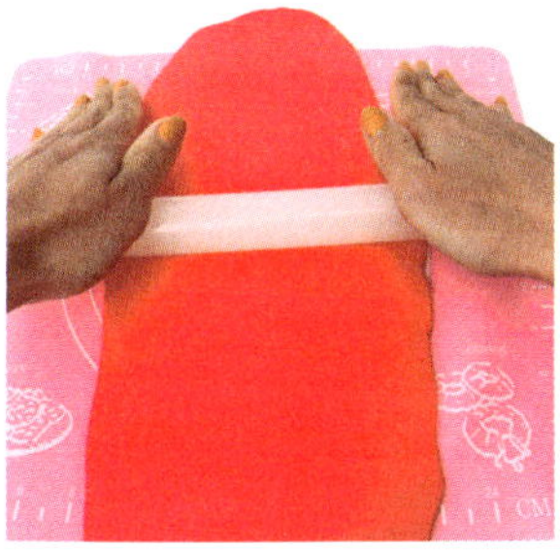

Sur le tapis en silicone, étalez la pâte à sucre rouge (réservez un morceau pour le ruban du chapeau).

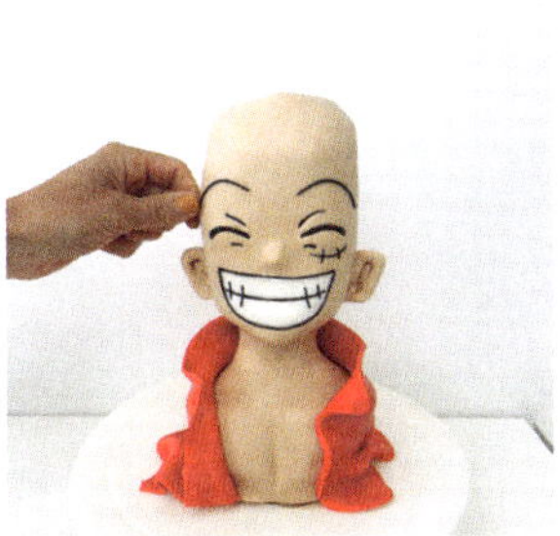

Puis déposez-la délicatement sur le buste en faisant quelques plis autour des épaules.

ÉTAPE 8
LES SOURCILS ET LES CHEVEUX

Réalisez 2 fins boudins de pâte à sucre noire pour les sourcils et déposez-les au-dessus des yeux en arc de cercle.

Pour les cheveux, réalisez plusieurs cônes assez fins de pâte à sucre noire et déposez-les autour du visage.

Déposez aussi deux cônes de chaque côté du cou.

ÉTAPE 9
LE CHAPEAU

Formez une boule avec environ 100 g de pâte à sucre jaune, aplatissez-la et déposez-la au-dessus de la tête de Luffy.

Étalez ensuite 150 g de pâte à sucre jaune et déposez-la au-dessus et à l'arrière de votre gâteau. Coupez le surplus au cutter.

Étalez le reste de pâte à sucre jaune pour en faire une longue bande (pas trop fine).

Déposez-la tout autour de la tête et collez les bords à l'aide d'un peu d'eau.

Étalez le dernier morceau de pâte à sucre rouge et découpez-y une fine bande, que vous collerez tout autour du chapeau.

ÉTAPE 10
LA CICATRICE

À l'aide d'un pinceau et de colorant rouge, dessinez la cicatrice de Luffy en forme de croix sur son torse.

Si le gâteau penche à une étape, n'hésitez pas à le remettre au réfrigérateur 30 minutes pour qu'il fige. Vous pouvez aussi le caler (comme pour certains modelages) contre une tasse.

Pour plus de facilité, achetez en commerce spécialisé une structure à gravity cake qui permettra de maintenir le gâteau.

Les GABARITS

Voici quelques gabarits à décalquer pour vous aider dans certaines réalisations.

BONHOMME PAIN D'ÉPICE
P. 52

HAPPY FAIRY TAIL
P. 90

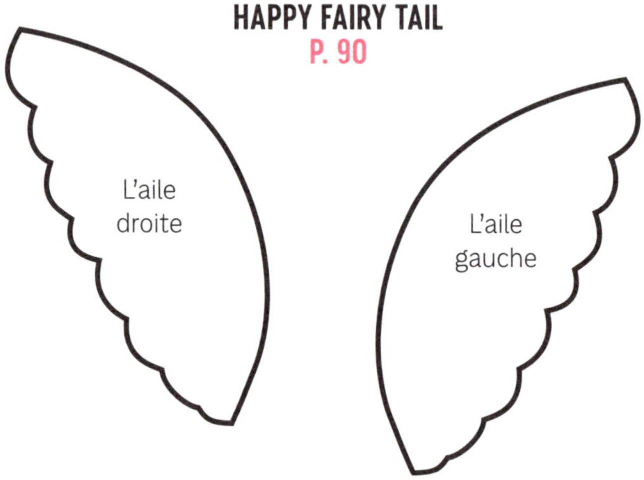

GÂTEAU PIKACHU
P.146

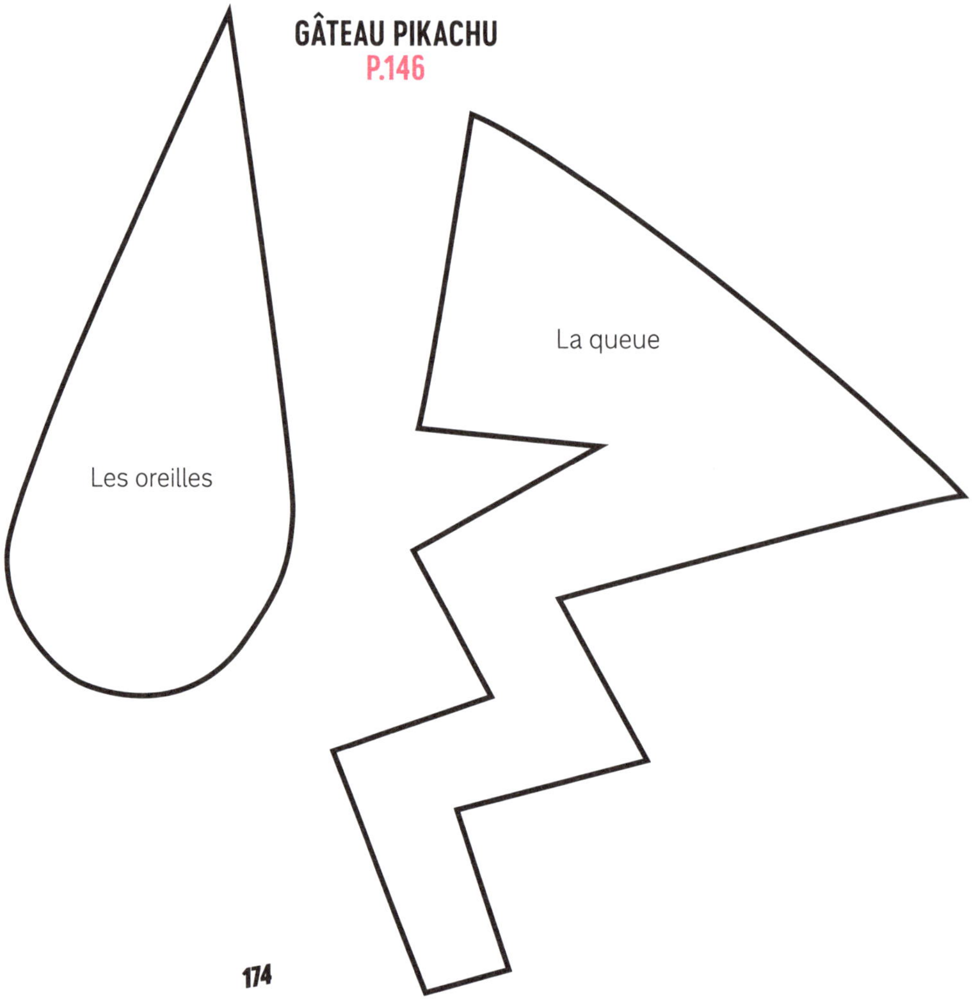

NARUTO KYÛBI
P. 94

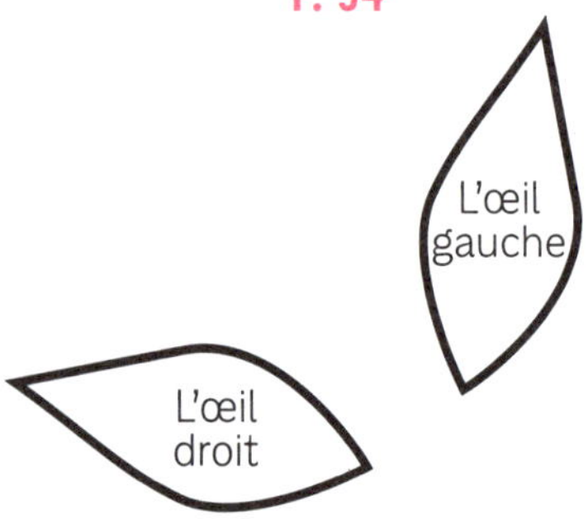

GÂTEAU TORTUE KAWAII
P. 152

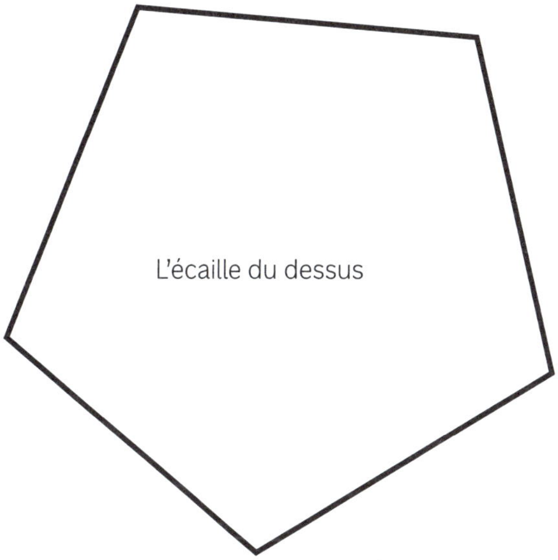

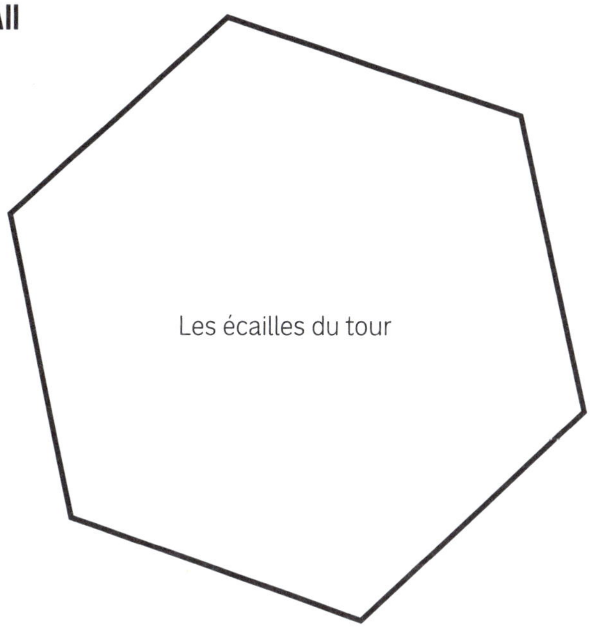

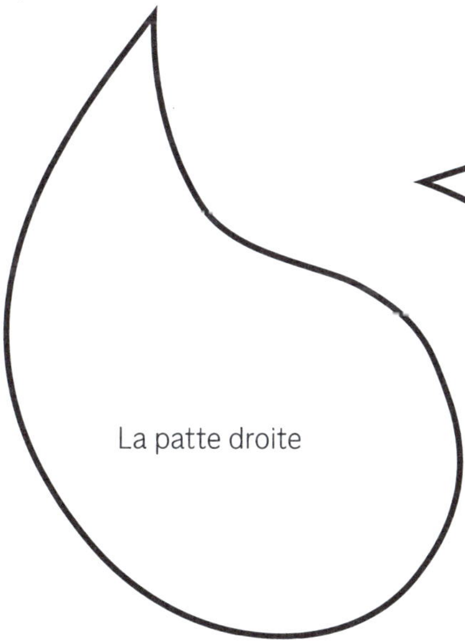

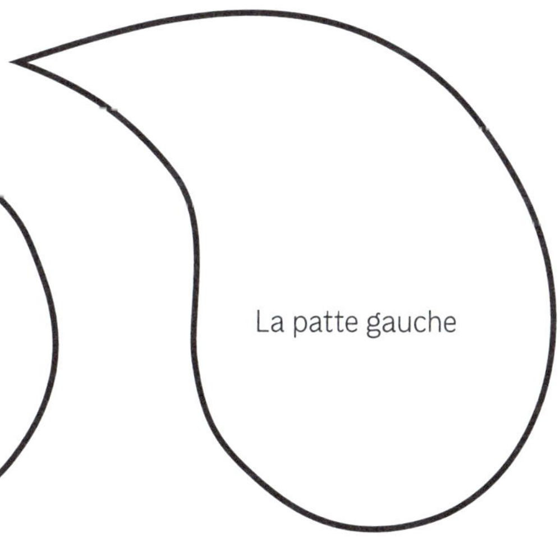

GÂTEAU PANDA
P. 158

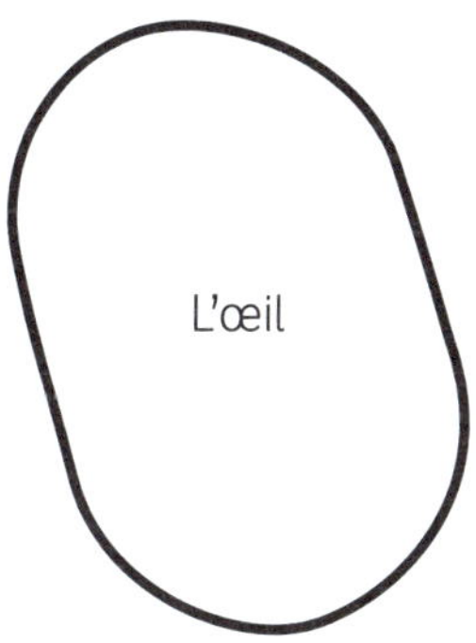

LUFFY CAKE
P. 164

Remerciements

J'ai tellement de personnes à remercier... En commençant par ma famille, notamment mon mari Alex et mes filles Heaven et Sky qui m'encouragent au quotidien et qui testent mes gâteaux depuis des années !

Une mention particulière pour ma petite Léa que j'adore, c'est elle qui m'a créé mon premier compte TikTok !

Et bien sûr, je remercie du fond du cœur ma Yummy Team, ma communauté toujours présente et bienveillante !

Je vous dédie ici ce livre en espérant qu'il vous plaira et vous donnera l'envie de prendre la relève !

Pour finir, un grand merci à toute l'équipe de Solar qui a cru en mon projet fou et m'a accompagnée depuis des mois...

Photographies des portraits, modelages
et gâteaux : Julie Girardet
www.lykstudio.fr
Photographies des pas-à-pas : Emilie Tosello

Direction : Didier Férat
Direction éditoriale : Fanny Ecochard-Martin
Édition : Diane Monserat
Direction artistique : Marina Delranc
Mise en page : Vincent Fraboulet
Photogravure : Chromostyle
Fabrication : Laurence Duboscq

ISBN : 978-2-263-18445-1
Code éditeur : L18445
Dépôt légal : septembre 2023
Imprimé en Espagne par Egedsa